完全網羅　起業成功マニュアル

THE ART OF THE START by Guy Kawasaki

This edition published by arrangement with Portfolio,
a member of Penguin Group (USA) Inc., New York through Tuttle-Mori Agency, Inc., Tokyo.

その昔、ラドヤード・キプリングはモントリオールのマギル大学でスピーチをしたとき、記憶にとどめるべき印象深い話をひとつした。

お金や地位、名誉にこだわりすぎるなと学生たちに警告して、彼はこう言った。

「いつの日か皆さんは、このいずれにも関心を持たない人物に出会うでしょう。そのとき、自分がいかに貧しいかを思い知るはずです」

ハルフォード・ラコック

*

わが子どもたち——ニック、ノア、ノヘミへ。

子どもは究極の新興企業ならぬ新興個人であり、私にはそれが三人いる。

そのことが私の財産だ。

まず、お読みください。

科学の世界で最もエキサイティングな言葉、新たな発見を告げる言葉は、「見つけた（Eureka）！」ではなく「そいつはおもしろそうだ」である。

アイザック・アシモフ

ビジネスの「盛衰」「陰陽」「拡大と崩壊」――そうした局面はほかにもいろいろな言い方で表現することができる。こういうのはどうか。「顕微鏡と望遠鏡」

「顕微鏡」的局面では、冷静な思考や「基本に返る」ことがおおいに求められる。専門家があらゆる細部、一つひとつの品目や出費をズームし、それから本格的な予測、長期的な市場調査、もれのない競合分析を要求する。

「望遠鏡」的局面では、起業家が未来をこちらへ引き寄せる。「次なる大仕事」を思い描き、世界を変え、ライバルに後塵《こうじん》を拝させる。多くのお金がむだになるが、途方もないアイデアのいくつかは持ちこたえ、そして世界は前進する。

望遠鏡が機能すればだれもが天文学者。世界は星々でいっぱいだ。望遠鏡が機能しなければだれもが顕微鏡をすばやく取り出す。こちらの世界は欠陥だらけだ。現実には、顕微鏡と望遠鏡の両方がなければ成功にたどり着けない。

問題は、両方を手にするためには何百もの本や雑誌、会議に散逸している情報を集めなくてはならないということ。何十人ものプロや専門家とも話をしなければならない。ありとあらゆる時間を実行ではなく学習に費やすことにもなりかねない。ところが、起業の真髄は学習ではなく「実行」である。

本書はその労苦を軽減する。あなたがみずからの知識や愛情、決意をもとに、理屈やいらぬ細部にこだわることなく大きな仕事をなし遂げられるようお手伝いする、それが私の目標である。あなたの目標は世界を変えることだと拝察する。世界を知ることではない。「四の五の言わずに何をしたらいいのか教えてくれ」と考えるあなたこそ、本書の読者としてふさわしい。

「あなた」って正確にはだれだ、とお考えかもしれない。じつのところ、「起業家」というのは肩書ではない。それは未来を変えたいと思う人たちの「心のありよう」だ（もちろん、ベンチャー資本をねらうシリコンバレー的な輩《やから》にかぎられるわけではない）。だから本書は、新しい取り組みをしようとするすべての人たちに読んでいただきたい。

●自宅のガレージで新しく会社を立ち上げようとする若者たち
●既存企業で新しい製品やサービスを市場に送り出そうとする勇者たち
●学校、教会、非営利団体を始めようとする聖者たち

すぐれた企業。すぐれた部門。すぐれた学校。すぐれた教会。すぐれた非営利団体。こと「起業」の本質となれば、それらはどれも変わらない。成功のカギは、顕微鏡的タスクをどうにかクリアしつつ、未来をその手へたぐり寄せることだ。さあ始めよう。

カリフォルニア州パロアルトにて。
ガイ・カワサキ
Kawasaki@garage.com

第一歩
Causation

第1章 エンジン始動の奥義《おうぎ》

なんびともおのれの心の声に耳を澄まし、進むべき方向を全身全霊で選びとるべし。

ユダヤ教ハシド派の教え

起業の要諦1

私は講演のたびに必ず「トップ10リスト」というものを使う。本書もまずは起業家がなし遂げるべき最重要事項のリストアップから始めてみたい。ただし項目は五つだけである。

①意義を見出す　組織を立ち上げる最大の理由はそこに意義を見出すこと、世界をよりよい場所にする製品やサービスをつくることだ。何よりもまず、いかに意義を見出せるかをはっきりさせなければならない。

②標語《マントラ》を決める　ミッションステートメント（19p参照）など忘れてよい。あれは長くて退屈だし、ぴたっとこない。覚えられる人もいない。ましてや実行するなんて無理だ。かわりに、見出した意義をもとに短い標語《マントラ》を考えよう。そうすればチーム全員が道を誤らずにすむ。

③走りだす　製品やサービスの提供を始める。はんだごて、コンパイラ、ハンマー、のこぎり、オートCAD——製品・サービスをつくるときに使う道具はなんでもいい。売り込み、企画、計画ばかりにこだわらず、まずは走ってみる。

④ビジネスモデルを明らかにする　どんな組織を立ち上げるにせよ、お金を稼ぐ方法を考えなければならない。持続可能なビジネスモデルがないと、いかにすぐれたアイデア、技術、製品、サービスも短命で終わる。

⑤MAT《マット》を織る　最後に三つのリストをつくる。ⓐステップごとにクリアすべき目標であるマイルストーン（Milestones）、ⓑビジネスモデルの前提となる仮説（Assumptions）、ⓒ組織をつくるために達成すべきタスク（Tasks）。そうすれば大混乱が生じたときも（実際に大混乱は起きるものだ）どうにか規律が保たれ、組織は踏みとどまることができる。

以下、五つの項目をさらにくわしく見ていこう。

①意義を見出す

名誉や評判のために曲を書こうと思ったことはない。心のなかのものをかたちにしたい。だから作曲するのだ。

ルードヴィヒ・ヴァン・ベートーヴェン

起業を説いた多くの本が、まず厳しく自省を迫る。あなたは本当に組織の立ち上げという仕事に耐えられるのかと。たとえばこんな具合だ。

✪低賃金で長時間働けるか?
✪次から次に拒絶されても平気か?
✪何十人もの従業員が責任をもって働けるようにできるか?

じつはこんな質問に前もって答えるのは不可能だし、それらは結局のところなんの意味も持たない。口先だけの強がりはだれでもできるからだ。喜んでやりますと言ったところで、実際にそうするとはかぎらない。

他方、やれるかどうか不安を感じるからすぐれた組織をつくれないというわけでもない。

現時点でこれらの問いかけにどう答えようが、すぐれたアイデアのとりこになったときにあなたが実際どうするかなんてわかるものではない。

自分が起業家であるかどうかは、なってみるまでわからない。それが真実だ。いや、なってもわからないことさえある。新しい事業を始める前に自問すべきはひとつしかない。

〈私は意義を見出したいのか?〉

意義とはお金や権力、名声のことではない。楽しい職場をつくるということでもない。「意義」、それは以下のようなことをいう。

✪世界をよりよい場所にする。
✪生活の質を向上させる。
✪ゆゆしき悪を正す。
✪すぐれたものが終わるのを防ぐ。

これから困難な道のりを歩むうえで、こうした目標はとてつもない味方になる。この問いかけに対する答えがノーだとしても成功する可能性はある。でも、イエスの場合よりもそれは難しい。意義を見出すことほど強力な動機づけはないからだ。

私はこのことを理解するのに二〇年かかった。

一九八三年、私がアップルコンピュータのマッキントッシュ部門で働きはじめたとき、IBMを倒すことが私たちの存在理由だった。IBMにはその昔の「セレクトリック」タイプライター事業にふたたび専念してもらえばよかった。

一九八七年、私たちの存在理由は打倒ウィンドウズ、打倒マイクロソフトになった。マイクロソフトを粉砕し、ビル・ゲイツにはパイク・プレース・マーケットで魚の仲買でもやらせればよかった。

二〇〇四年、私は立ち上げ期のハイテク企業を対象としたベンチャーキャピタル、ガレージ・テクノロジー・ベンチャーズのマネジングディレクターで、人々がすぐれた製品をつくれるようにしたいと考えている。彼らがすぐれた企業をつくり、世界を変えるのを手伝いたい。

すぐれた組織の「第一歩」は、社会にとっての意義を見つけようとすることだ。その願いがあるから成功が保証されるわけではない。でもその願いがあれば、失敗したとしてもそれは価値ある何かをやりそこなったのだ。

【練習問題】 次の文を完成させよ。

「あなたの組織が存在しなかったら、世界はもっとだめになっているだろう。なぜなら、　　　　」

②標語《マントラ》を決める

目を閉じて、いかに顧客に奉仕するかを考える。あなたの組織はどのような意義を見出しているだろう？　たいていの人はこれをミッションステートメントと呼ぶ。

起業家がふつう最初にやるのは、このミッションステートメントを練り上げることだ。だが不幸なことに、このプロセスはたいがい苦痛といらだちをともない、結果的に平凡きわまりないフレーズができあがる。多くの人たちがもっと多くの人たち（従業員、株主、顧客、パートナー）を幸福にするための言葉を考える以上、これはやむをえない。

ミッションステートメントのそもそもの欠点は、だれもが仰々しい、何から何まで詰め込んだ表現を望むことだ。その結果、長くて退屈、ありきたりで無意味な、愚にもつかない代物ができあがる。*The Mission Statement Book* のなかで著者のジェフリー・エイブラハムズは三〇一例のミッションステートメントを紹介し、どの会社も同じようなありきたりの内容であることを実証している。以下、エイブラハムズが挙げた事例中、同じ言葉が使われていた頻度を少しご覧いただこう。

✪ベスト（Best）……九四回
✪コミュニティ（Communities）……九七回
✪お客様（Customers）……二一一回
✪卓越（Excellence）……七七回
✪リーダー（Leader）……一〇六回
✪クオリティ（Quality）……一六九回

運命の女神は勇者に微笑むという。そこで人生をラクにするアドバイスを差し上げよう。ミッションステートメントの作成は先送りすること。追って成功を収め、むだな時間やお金を使う余裕ができたときにひねり出せばよい（もし成功しなければ、それをつくらなかったとしてもなんの問題にもならない）。

ミッションステートメントやそれにともなう厄介事のかわりに、組織の標語《マントラ》を決めよう。辞書によれば「マントラ」とは、「神への祈り、まじない、神秘的な可能性を秘めた聖書の言葉など、祈祷や瞑想、呪文でくり返される神聖なきまり文句」のこと。

なんとすばらしい！　どれだけのミッションステートメントがこれほどの力や感情を呼び

起こせるだろう？

マントラの利点は、短く心地よくなければならないという点だ（おそらく世界一短いマントラはヒンディー語の「オーム（om）」だろう）。マントラは書きとめたり、年次報告書で発表したり、ポスターに印刷したりする必要はない。実際、もしそんなふうに「強要」しなければならないとしたら、それは正しいマントラではない。

以下の五例はすぐれた標語《マントラ》が持つ力を示している。

✪本物のアスレチックパフォーマンス（ナイキ）
✪楽しいファミリーエンターテインメント（ディズニー）
✪満足を味わうひととき（スターバックス）
✪考えよ（ＩＢＭ）
✪勝利がすべて（ヴィンス・ロンバルディがヘッドコーチを務めたグリーンベイ・パッカーズ）

スターバックスの標語《マントラ》「満足を味わうひととき」を、同社のミッションステートメント「会社として成長しながらも妥協なき原理原則を保持し、世界最高品質のコーヒーを提供する」と比べてほしい。どちらが覚えやすいだろう？

だれかがあなたの事業について、あなたの両親あるいは会社の受付嬢に尋ねたとする。「本物のアスレチックパフォーマンス」みたいな簡潔な言葉以上のよい答えがあるだろうか?

【練習問題】 以下のスペースにあなたの組織の標語《マントラ》を書け。

標語《マントラ》について最後にもうひとつ。これを「うたい文句《タグライン》」と混同しないこと。「前者は従業員向けの言葉、すなわち仕事で何をすべきかの指針である。後者は顧客向けの言葉」、すなわち製品・サービスをどう使うべきかの指針である。たとえばナイキの標語《マントラ》は「本物のアスレチックパフォーマンス」、うたい文句《タグライン》は「ジャスト・ドゥ・イット」だ。

【練習問題】 次の表に示すのは、いくつかの組織の実際のミッションステートメントと、私が考えた仮の標語《マントラ》である。どちらのほうがパワフルか?

組織	実際のミッションステートメント	仮の標語《マントラ》
コカ・コーラ	「コカ・コーラ社はみずからが接するすべての人に利益と活力を提供するために存在する」	世界をさわやかに

サウスウエスト航空	「サウスウエスト航空の使命は、温かさと親しみやすさ、個々の誇りと愛社精神をもって提供される最も質の高い顧客サービスに専心することである」	ドライブより快適
ウェンディーズ	「ウェンディーズの使命は、リーダーシップ、イノベーション、パートナーシップを通じて、お客様と地域社会に質の高い商品・サービスを提供することである」	ヘルシー・ファストフード
赤十字	「人々が緊急事態を予防し、これに準備、対応するのを助ける」	苦しみに終止符を
米空軍	「航空宇宙戦力を通じて米国およびその国益を守る」	空と宇宙を制圧
ユナイテッド・ウェイ(ハワイ)	「アロハ・ユナイテッド・ウェイの目的は、人々の力を結集させてもっと健全で思いやりのある社会を築くためのリーダーシップを提供することである」	人々の力を結集
マーチオブダイム	「マーチオブダイムの研究者、ボランティア、教育者、アウトリーチワーカー、支援者は互いに協力して、未熟児症、先天性欠損、出産時低体重など、健康への脅威と闘うチャンスをすべての赤ちゃんに提供する」	赤ちゃんを救え

③走りだす

第三のステップは、ワードを起動して事業計画を書くことでもなければ、パワーポイントで売り文句をこさえることでも、エクセルで財務予測を立てることでもない。どれもまちがいだ！

こうアドバイスするのは、なにもマイクロソフト・オフィスの売り上げを減らしたいからではない。言っておくが、私はべつにアンチ・マイクロソフトではない。いずれこれら三つのアプリケーションを使うときはくるが、いまはまだ早いということだ。あなたがやるべきは、ⓐともすれば文書をつくりたくなるのをがまんし、ⓑとにかく実行することである。

つまりプロトタイプ（試作品やモデルサービス）をつくったり、ソフトウェアを書いたり、ウェブサイトを立ち上げたり、サービスを提供したり……。ものごとを始めるにあたって最も難しいのは、実際に始めるということだ。覚えておこう。立派な計画を立てて成功を手にした者などないと。

つねに販売ありきでなければならない。販売戦略ありきではない。テストなどくそくらえ。それは大企業のやることだ。恥をかいたっていい。完璧な製品やサービスができるのを待つ必要はない。それなりの水準で十分だ。あとで改良する時間はたっぷりある。大事なのはいかにうまくスタートするかではない。いかにうまく結果を出すかである。

実行の敵は熟考だ。この段階で研究開発の「戦略」を熟考するのは考えものだ。新しい事業を始めるときに「どこまで躍進できるだろう？」「気に入ってもらえなかったらどうしよう？」「ターゲット顧客に合わせるべきか、それとも自分たちが使いたいものをつくるべきか？」といった問いかけは的外れである。

むしろ以下の大原則を肝に銘じよう。

▼大きく考える　高い目標を持ち、大きな成功をめざそう。弱気で退屈な製品・サービスでは世界を変えることなどできない。現状の少なくとも一〇倍の規模をめざしたい。ジェフ・ベゾスはアマゾン・ドットコムを立ち上げたとき、二五万タイトルの従来型書店より二万五〇〇〇タイトルだけ多い書店をつくったのではない。三〇〇万タイトルのオンライン書店をつくったのである。

▼パートナーを探す　イノベーターはたったひとり——歴史はそう考えたがる。トーマス・エジソン（電球）、スティーブ・ジョブズ（マッキントッシュ）、ヘンリー・フォード（モデルT）、アニータ・ロディック（ザ・ボディショップ）、リチャード・ブランソン（ヴァージン・グループ）。歴史は誤っている。成功した企業は少なくともふたり、通常はそれ以上のパートナーによって起業され、成功に導かれている。あとになってそのうちのひとりが「イノベーター」として認識されることがあるとしても、ベンチャー事業を機能させるためにはすぐれた人たちのチームが必要である。

▼二極化を促す

一部の人たちから愛される製品・サービスをつくったとき、それを毛嫌いする人がいても驚かないことだ。あなたの目標は人々の「熱情」をあおることだ。好き、嫌い、どちらでもよい。自分のしたことに異を唱えられても怒ってはならない。怒るべき（そして恐れるべき）は無関心である。

クルマのデザインがその好例だ。ミニクーパー、インフィニティFx45、サイオンxBなどのクルマに対する評価がいかに分かれているかを考えられたい。熱烈なファン、容赦ないアンチのいずれかである。それでよい。

▼多様に設計する

そのときどきのはやりすたりに応じて、製品・サービスの理想的な設計方法はひとつしかないと思いがちだが、これは正しくない。ベストなやり方はひとつではない。以下に四つのしかるべきアプローチを示した。ほかにもあるはずだ。

①「私自身がほしい」　これは市場調査としてはベストの部類に入る。顧客と事業設計者が同じ場合だ。したがって企業内政治や現状維持圧力、市場調査担当者などにふり回されることなく、顧客の声が設計者に届く。たとえばフェルディナンド・ポルシェは次のように言った。「最初のうちはいろいろ見てみたが、ドリームカーといえるものが見当たらなかったので、自分でつくることにした」

②「いまの組織ではできない」　「私自身がほしい」ほどロマンチックではないが、これも確かな方法だ。あなたはその経歴ゆえ、顧客ベース、競争相手、供給元、業界関係者

をすでによく知っている。もちろん製品・サービスをつくって顧客を獲得しなければならないのだが、答えの多くはもうわかっている。たとえばイスラエル国防軍の8200部隊出身者は、軍用セキュリティソフトウェアの開発後、チェック・ポイント社などの情報セキュリティ企業を設立した。

③「なんだ、できるじゃないか!」　景気が悪く顕微鏡的アプローチが盛んな時代には、この理屈は人気がない。そうしたときは世の中が保守的になり、あらゆる市場を「証明せよ」との要求が高まる。V字カーブないしパラダイムシフト的に飛躍する市場が事前に証明できることはめったにない。たとえばモトローラが携帯電話を発明したとき、それに飛びつく者はだれもいなかった。当時、電話は必ず特定の場所に付随していたので、携帯電話というのは自己撞着だった。顧客が持ち運べる電話の市場は存在しなかった。

④「もっといいやり方があるはずだ」　この哲学から生まれる組織は、何か新しいことをすることで世界をもっとよい場所にできるという理想主義に基づいている。多くの場合、創業者の経歴はその事業に必ずしも結びついていない。彼らはただアイデアを思いつき、それを実行しようと決意したまでだ。たとえばeBay。創業者のピエール・オミダイアは商品を販売するための「完全な市場」をシステム化したかったのだという。

▼プロトタイプを市場調査として活用する

組織を立ち上げたばかりのころは、何をつくるべきか、顧客の望みは何かがまだまだはっきりしない。そうした時期に従来の市場調査は役に立たない。自分自身がイメージしきれない製品・サービスを顧客がどの程度受け入れてくれるか、それを調査やフォーカスグループで予測するのは不可能だ。*

最も賢明な方法は、プロトタイプを全力でつくり、これをただちに市場に投入し、すばやく適用させていくことだ。必要な情報をすべて手にする理想的環境（これは不可能だ）を待っていたら、市場が逃げてしまう。

「走りだす」ことで期待される成果は、製品・サービスの初リリースである。そう、それは完璧ではないだろう。でも、見込み客の気に入るように製品を修正してはならない。そうではなく、顧客がすでに気に入っているから修正するのだ。世の中には、自分が変われば神の恩寵が得られると信じる人もいれば、神の恩寵があるから自分も変わらなければならないと信じる人もいる。走りだし、走りつづけるために新興組織が留意すべきプロトタイプのあり方は後者である。

④ビジネスモデルを明らかにする

意義を見出し、標語《マントラ》を考え、製品・サービスのプロトタイプをつくったら、四つ目はビジネスモデルを明らかにすることだ。そのためにはふたつの質問に答える必要がある。

✪だれのポケットにあなたのお金があるか？

✪それをどうやってあなたのポケットに移すか？

デリカシーに欠ける質問だが、組織立ち上げの現実を考えるには有効だ。たとえ非営利組織であっても。いや、存続そのもののためにお金がなくてはならない非営利組織にこそ有効な問いかけかもしれない。命がなければ世界を変えることなどできない。そしてお金がなくなれば命もない。

もっと上品に言い換えれば、最初の質問は顧客とその悩みを明らかにすることである。二番目の質問は、収益がコストを上回るような販売メカニズムをつくることが中心になる。ビジネスモデル構築のヒントは以下のとおりだ。

▼**具体的に**　顧客を正確に記述できればできるほどよい。多くの起業家は小さな市場に押し込められ、普遍性を実現できないことを恐れる。しかし、ほとんどの成功企業はまず特定の市場をターゲットにし、追って他の分野に対応することで（たいていは予想外に）規模を拡大している。最初から壮大な目標を掲げてこれを達成したところはほとんどない。

＊現実世界を模した（ごみ箱など）、ソフトウェア、ハードディスク、カラーディスプレイがない新しいコンピュータを、あなたははたして買うだろうか？（初代マッキントッシュはこのように位置づけられたわけではないが、私たちが思い描いていたものはまさにこう表現できる）。

▼シンプルに　一〇語前後でビジネスモデルを記述できなければ、それはビジネスモデルではない。しかもシンプルな日常語を使おう。はやりのビジネス用語（戦略的、ミッションクリティカル、ワールドクラス、シナジー、先発者、拡張可能、エンタープライズクラス……）はご法度だ。ビジネス用語でビジネスモデルを表すことはできない。eBayのビジネスモデルはどうか。「出品料と手数料がかかる」。以上。

▼モノマネ可　商売の歴史は長い。賢明なる人々はありとあらゆるビジネスモデルを考え出してきた。技術、市場、顧客のイノベーションは可能でも、新たなビジネスモデルを考案しようとするのはスジが悪い。すでに成功を収めている既存のビジネスモデルを利用しよう。やるべきことはほかにもたっぷりあるのだから。

最後のヒントは「女性に訊け」だ。それも女性だけに。私に言わせると、男性のDNAの奥深くには「キラー」遺伝子がひそんでいる。この遺伝子が発現すると、男性はヒトや動植物を殺《あや》めたくなる。社会のなかでこの遺伝子はかなり抑制されてきたが、それでも他の組織を葬ることを目的とする組織の設立が社会的にはなお認められている。

だから男性にビジネスモデルについて訊くのは意味がない。Y染色体を持つ人間にとってはどのビジネスモデルもよく見えるからだ。たとえばサン・マイクロシステムズはマイクロソフトを葬り去りたい。メーカーがだれを殺めたいのか、それを根拠にコンピュータを買った経験がおありだろうか？

ところが女性にはこのキラー遺伝子がない。だから男性よりもビジネスモデルを見分ける力がある。納得できないって？　ならばウェンディー・ノースカット著*The Darwin Awards*（『ダーウィン賞！』講談社）をご覧いただきたい。女性のほうが良識にすぐれていることを示す明白な証拠が示されている。この「賞」は「あまりにもばかげたやり方で遺伝子プールから姿を消し去った輩」に捧げられている。

たとえば一九九八年、ふたりの建設作業員が床を円形に切ったのだが、その円のなかにいたために落下死した。『ダーウィン賞！』は男性の愚かさに九章を、女性の愚かさに一章を割いている。――と、そういうわけだ。

【練習問題】

ステップ❶　組織運営に必要な月次コストを算出する。
ステップ❷　製品単位ごとの粗利益を算出する。
ステップ❸　ステップ❶の結果をステップ❷の結果で割る。
ステップ❹　何人かの女性にその製品がそれだけ売れそうか訊いてみよ。答えがノーならビジネスモデルは失格である。

⑤マット《MAT》を織る

マットには「発破現場で破片の飛散を防ぐロープまたは針金製の網」という意味がある。起業の第五ステップすなわち最終ステップとして必要なのが、まさにこの「飛散を防ぐ」ことだ。この場合、MATが表すのは、ⓐマイルストーン（Milestones）、ⓑ仮説（Assumptions）、ⓒタスク（Tasks）である。

マット《MAT》を織り上げる目的は、自分が何をやろうとしているのかを理解し、仮説をすばやく検証し、考え方の大きな誤りを発見、修正するための方法を提供することにある。

ⓐマイルストーン（節目となる目標）

たいていの人は、立ち上げ間もない組織は無数の目標を達成しなければならないと思ってしまう。しかし、ポイントとなる目標はそのなかの一部にすぎない。それがその組織のマイルストーン——成功にいたるまでの重要な進歩を刻む節目である。新興組織なら必ず重視すべきマイルストーンは七つある。ひとつでも見落としたら組織の存在は危うい。

✪コンセプトを裏づける。

✪具体的な設計を終える。

✪プロトタイプを完成させる。
✪資金を調達する。
✪テスト用の製品・サービスを顧客に提供する。
✪最終的な製品・サービスを顧客に提供する。
✪収支とんとんを達成する。

これらのマイルストーンはどんな事業にも当てはまる。たとえば新しい学校であれば、ふたりの教師によるチームが新しいカリキュラムを使って個別指導を提供し、学習効果を改善できるかどうかを試す。それによってコンセプトを裏づけることができる。こうしてコンセプトが証明されたら、次にカリキュラムの設計を終え、資金を調達し、モデルサービスを展開し、指導を開始するわけだ。

組織の存続にとって重要なタスクはほかにもある（追ってすぐに紹介する）が、ここに挙げた七つほど重要なものはない。これらマイルストーンのタイミングは、ほかにやるべきことすべてのタイミングを左右するといってもよい。だからここに八割の力をつぎ込もう。

【練習問題】 額縁に入れられたありきたりのミッションステートメントのかわりに、前記七つのマイルストーンの完了目標日を掲げよ。必ず従業員や訪問客が読めるように。

【応用問題】 新しい製品・サービスを出すたびごとにこの手順をくり返せ。あなたの組織の歴史そのものを掲示するわけだ。

ⓑ仮説

第二に、事業にまつわる主な仮説をリストアップする。次のような要素が挙げられる。

- ✪製品・サービスの評価指標
- ✪市場規模
- ✪粗利益
- ✪販売員あたりの訪問（電話）回数
- ✪顧客転換率
- ✪販売サイクルの長さ
- ✪顧客ごとの投資収益率（ＲＯＩ）
- ✪出荷単位あたりのテクニカルサポート数
- ✪売掛金と買掛金の支払いサイクル
- ✪補償要件

✪部品・補給品の価格
✪顧客にとってのＲＯＩ

こうした仮説を絶えず追跡し、おかしいと思ったらすぐに対応しよう。仮説を前記マイルストーンのひとつひとつと関連づけられるのが理想である。そうすればマイルストーンに到達するたびに仮説を検証できる。

ⓒタスク（必要業務）

第三に、製品・サービスの設計、製造、販売、出荷、サポートに必要な主要タスクをリストアップする。これらのタスクは組織づくりに必要なものだが、七つのマイルストーンほど不可欠ではない。たとえば以下のようなことだ。

✪オフィスを借りる。
✪主なサプライヤーを探す。
✪会計システムと給与体系を整備する。
✪法的書類を提出する。
✪保険に加入する。

タスクをリストアップするねらいは、あなたの組織がなし遂げるべきことがらをもれなく理解、認識し、スタート間もない舞い上がった時期に見過ごしをなくすことである。

付録1

社内起業術

イノベーションは既存組織の外部から生じることが多い。それはひとつには、成功した組織は現状維持にこだわり、それを変えるかもしれないアイデアに抵抗するようになるからだ。

――ネイサン・ローゼンバーグ

大企業にも志の高い起業家がたくさんいる。起業家はいずこも同じ。彼らも革新的な製品・サービスの創造を夢見ており、それを社内で実現できるだろうかと考えている。答えはイエスだ。

本書で示す「奥義」は社内起業家にも当てはまる。しかし、社内起業家ならではの特別のアドバイスもある。

皮肉なことに、多くの独立起業家は大企業の社員をうらやんでいる。〈やつらときたら、莫大な財源、大きな営業組織、設備の整った研究施設、拡張可能な工場、定着したブランド、おまけに医療手当まであって幸せ者だ〉。ガレージで起業をめざす者たちは思いにふける。そんな至れり尽くせりのインフラを利用して新しい製品やサービスが開発できたら、どんなにか素敵だろうと。

いやいや。そうした恵まれた環境のなかで新しい製品・サービスをつくるのは必ずしも簡単ではない。課題がちがってくるだけの話だ。私はたまたま「最高のシナリオ」に加わっていたことがある。そう、アップルのマッキントッシュ部門である。この社内起業の成功を私は二語で説明できる。「スティーブ・ジョブズ」と。彼の途方もないデザインセンス、狂気じみた細部へのこだわり、現実歪曲《リアリティディストーション》がお手のもののパーソナリティ（と、共同創業者のステータス）がマッキントッシュを成功させたのである。スティーブ・ジョブズがいなければ、マッキントッシュは存在していないだろう。あるいはごみ箱付きのアップルⅡみたいな体裁になっていただろう。

〈でも、大企業でのイノベーションにスティーブ・ジョブズが必要だとしたら、いますぐあきらめたほうがよさそうだ〉と、あなたはお考えのはずだ。たしかに彼のように先見性のある人物は実業界に不足しているが、気力とビジョンと政治手腕のある者なら、既存企業のなかに起業の足がかりを築くことはできるはずである。

私は本項を書くにあたって、ヒューレット・パッカードの知的財産保護にひと役買った私の親友、ビル・ミードの協力を得た。ふたりで考えた社内起業向けの提言を以下に列挙する。

✔会社を最優先する　社内起業家の主たる動機は（唯一の動機ではないとしても）やはり会社をよくすることでなければならない。社内起業とは注目を集めることでもなければ、勢力を広げることでもない。会社を飛び出す準備をすることでもない。製品・サービスのよいアイデアがあれば、それは多くの社員をボトムアップ式に引きつけるだろう。それがあなた自身のためではなく会社のためであれば、彼らはあなたをサポートしてくれるだろう。大勢の一般社員を味方につけることができたら、「副社長」の言うことにいちいち左右されなくてもすむかもしれない。

✔隠密裏に行動する　独立起業家はできるだけ世間の注意を引こうとしなければならない。自分たちのやっていることが知られれば、資金調達、提携、販売契約、社員採用がラクになる。だが、社内起業家の場合はその逆が正しい。プロジェクトが無視できないほどに進捗するまでは、あるいは会社でその必要性が認識されるまでは、ひとりでこっそり取り組んだほうがよい。社内の地位が上がれば上がるほど、あなたがしようとしていることの理解者は少なくなる。なぜなら地位が上になればなるほど、現状を維持し、自分のポジションを守ろうとする人間が増えるからだ。

✔後見人を探す　多くの企業には後見人タイプの人がいる。それなりの下積みをへていまの地歩を築き、けちな社内政治からは距離を置いている人物である。彼らはどちらかといえば「聖域」に属し、経営トップから一目置かれているものだ。社内起業家はこうした後見人を探して、技術上、マーケティング上の助言をもらい、必要な時期がきたら保護を受けるようにしなければならない。

✔別のビルで仕事をする　大企業のど真ん中に居を構える社内起業家はその身をずたずたにされること必定である。各部門のマネジャーが「このプロジェクトはなぜだめか」をいちいち説明するからだ。「現行の大きな事業と比べたら、新規事業はつねに弱々しく将来性がなさそうに見える」とはピーター・F・ドラッカーの言葉。マッキントッシュ部門はアップルの他部門から離れた建物でスタートした。日々の単調な仕事とは一線を画しながらも、会社のリソースは得られるというくらいの距離だ。建物が別だと自分たちのプロジェクトを秘密にしておけるし、陽気な海賊たちの団結心を高めることもできる。目ざわりな連中からの理想的な距離は四分の一マイルから二マイルのあいだ（〇・四～三・二キロ）。つまり行こうと思えば行けるが、頻繁な訪問は控えたくなる距離というわけだ。

✔希望を捨てていない人に希望を与える　「この会社は大きすぎてイノベーションどころではない」と考える皮肉屋の心の内には、それが実現するのを目にしたいと考える理想家が同居しているものだ。大企業のなかのよき人々は、無視され、忘れ去られ、恥をかかされ、服従を強いられることにあきあきしている。彼らは踏みつけにされているかもしれないが、死んではいない。現状維持の社風に一石を投じるつもりだと彼らに表明すれば、あなたは必要な支持と資源を得られるはずだ。そうなれば次なる目標は、彼らの気持ちを「イノベーションの実現を見たい」から「あなたがそれを実現する手助けをしよう」に変えることである。

✔構造転換を予測し、これに乗じる　会社の構造的なゆがみは社内起業家にとって歓迎すべきことである。きっかけが市場の変化などの外部要因であれ、CEO交代などの内部要因であれ、構造転換は変化のしるしであり、あなたにチャンスをもたらす可能性がある。有能な社内起業家はこうした転換を予測し、それが起こったときに新しい製品・サービスを披露する用意ができている。「これまでの成果をご覧ください」。反対に、だめな連中はこう言う。「ついに転換のときです。会社のお許しと半年の時間と分析チームがあれば、新しい製品戦略を考えてみせます」

✔現存するものを利用する　大企業のなかでイノベーションを起こそうとするマイナス面は明らかであり、それについてはあれこれ書かれている。しかし、プラスの面もある。イノベーションを容易にするため、既存のインフラを使わない手はない。必要とあらば、まずは盗むことだ。資源をかき集めるだけでなく、他の社員たちと打ち解けよう。自分もあなたのチームの一員だと思ってもらえるくらいに。独力で解決策を講じようとすれば（極端な例だと自分用の工場を建てる）、敵をつくるだけだ。大企業に属する起業家が最も必要としないのは社内の敵である。市場に出れば敵はいやというほどいるのだから。

✔データを収集、共有する　会計士か弁護士があなたのプロジェクトを突然気にとめ、その存在理由を問う日が必ずやってくる。運がよければその日はいくぶん先延ばしになるが、それでも必ずやってくる。①これまでの支出と成果に関するデータを集め、②それをオープンにすることで、その日に備えよう。大企業ではデータが「抗体」を抑制する。だが、抗体が現れてからではデータ収集が間に合わないおそれがある。

✔副社長からアプローチさせる　質問をひとつ。起業の第一歩として、副社長にプロジェクトを承認してもらわなければならないと思うか？　じつはそうであってはならない。これは最後のステップのひとつである。副社長というのは、あなたのアイデアを「発見」してから支援を申し出るのであれば、責任をもってそれをサポートしてくれるものだ。副社長がタイミングよく「偶然に」発見できるよう心がけたい。これは許可を求めるのとはちがう。

✔目標を達成したら解散する　社内起業家グループのよさは、新製品や新サービスをすばやく開発できるという点にある。ところが残念なことに、グループが他の社員たちから離れたままだと（心情的にもお高くとまって浮いていることが多い）、そもそもの武器だったはずの結束力がグループの崩壊を徐々に招きかねない。何をすべきか「知っている」のは自分たちだけだとメンバーが考えるようになったら、グループの力はますます弱くなる。そして彼ら起業家グループは、独自の新しい官僚主義を形成する。もしプロジェクトがうまくいったら、グループを解散してもっと大きな組織に統合することを考えよう。そのうえで新しいグループをつくり、ふたたび一歩先をめざすのである。

✔頭を切り替える　多くの社内起業家は、本書のこのあとの内容が大企業で経験、学習、あるいは指導してきたことの反対だと気づかれるだろう。実際、既存企業のなかで起業するためには新しい行動パターンを採用しなければならない。頭を切り替えるのである。左表が今後の参考になる。

テーマ	大企業	新興企業
ポジショニング	あらゆる人にあらゆる対応	ニッチを探して牛耳る
売り込み	スライド六〇枚、一二〇分、一四ポイントの文字	スライド一〇枚、二〇分、三〇ポイントの文字
事業計画作成	過去データからの推定、二〇〇ページ	希望的観測、二〇ページ
自己資本経営	リッツ・カールトンではなくハイアットリージェンシーに滞在	モーテル・シックスではなく学生時代の友人宅に滞在
人材採用	フォーチュン500企業や監査法人ビッグ4の経験者をヘッドハンターが選別	ストックオプションのためならリスクを冒してもよいという人を引き込む
パートナーシップ	マスコミが飛びつきそうな一方的取引をまとめる	他者を利用して売り上げを増やす
ブランド構築	スーパーボウル中継でコマーシャルを流す	最前線で伝道活動する
事業拡大	再販業者への奨励金や販売員へのコミッション	上下左右あらゆる方向に取り入る
気高き事業遂行	法務部に電話する	あなたの助けにならない人を助ける

FAQ（よくある質問）

Q1 正直に言います。こわいんです。いまの仕事をやめるわけにはいきません。これは成功に必要な素養が私にないからでしょうか？　私は本気ではないのでしょうか？

A1 こわくて当たり前です。こわくないとしたら何かがおかしいのです。恐れを感じるのは資質に欠けるからではありません。最初はどんな起業家もこわいものです。それについて自分をごまかす人もいればそうでない人もいるという、ただそれだけのことです。

恐怖心を減らすには事業に飛び込み、日々少しずつ進歩を重ねることです。ある日、目が覚めたらもうこわくはなくなっているでしょう。相変わらずこわいとしても、いままでとはちがう恐怖心のはずです。

どんなことがあっても、自分が恐れをいだいていることを従業員に認めてはなりません。CEOに「不調」の文字があってはならないのです。かといって度を過ぎるのも問題です。心配事などどみじんもないふりをしていると、従業員はかえってあなたがびびっていることを悟ってしまいます。

Q2 秘密のアイデアを飼い犬以外とも共有すべきでしょうか？

A2　飼い犬に話しかける妄想的起業家というのは最もいただけません。あなたのアイデアを自由に検討することで得られるもの（フィードバック、人脈、開かれた門戸）は、失うものよりもずっとたくさんあります。人と話し合うだけでだめになるようなアイデアなら、そもそもたいしたアイデアではないのです（非開示契約の詳細は第7章「資金調達の奥義」のFAQをご覧ください）。

Q3　どのくらいたてば自分がやっていることを人に話してよいでしょう?

A3　いますぐ話しなさい。そうすれば意識的にせよ、無意識的にせよ、つねに自分のアイデアについて考えをめぐらすことができます。多くの人に話せば話すほど、あなたの思考は豊かになります。自分ひとりで考えていてもつまらない発見しかありません。

Q4　どうすれば絶望的な事業を続けるよりもあきらめたほうがよいとわかりますか?

A4　すぐれた起業家はけっしてあきらめない、とは昔からよく言われるところです。本やスピーチのなかでならこれでよいのでしょうが、実世界ではそうはいきません。三人の親友にあきらめろと言われたら耳を貸すべきです。三人から酔っていると言われたらタクシーで帰宅せよというではありませんか。失敗してもまたチャレンジすればいいのです。

Q5 よいアイデアはありますが、ビジネスの経験がありません。どうすればよいですか?

A5 まず、よいアイデアを思いついた（たとえば「高速でエレガント、しかもバグのない新しいオペレーティングシステム」）というだけでそれを実行できないなら、何もないのと同じです。この場合は、技術的なことができる人を見つけるまで他人の時間をむだにしないでおきましょう。

実行できるのなら、雇うべき人が二種類います。まずはよき相談相手となる人。あなたより年上で折にふれてアドバイスをくれる人です。ただし実際の仕事は何もしません。次に探すのはビジネスパートナー。あなたとともに働き（非常勤であれ）、そのスキルであなたのスキルを補完してくれる人です。どちらもあなたの事業に大きな意味を持つはずです。

Q6 名刺とかレターヘッドとかオフィスとか、「実業」らしい装いはいつごろ考えればよいでしょう?

A6 名刺とレターヘッド（社用箋など）はすぐに用意しましょう。少し出費をして専門家にデザインしてもらいます。さもなければいっさい何もしないこと。活字のサイズは必ず一二ポイント以上で。オフィスは、顧客が訪ねてくるようになるまで、あるいはチームのスペースが手狭になるまでは必要ありません。

Q7 ウェブサイトは必要ですか？

A7 はい。とくに資金を調達し、たくさんの顧客に貢献し、世界を大きく変え、流動性（訳注：売却や新規株式公開などにより現金を得ること）を実現したいなら、ウェブサイトは必須です。顧客、パートナー、投資家はあなたのウェブサイトをさっそく探すものです。

推薦書籍

- Christensen, Clayton. *The Innovator's Dilemma*（クレイトン・クリステンセン『イノベーションのジレンマ』翔泳社）
- Drucker, Peter F. *Innovation and Entrepreneurship*（P・F・ドラッカー『イノベーションと企業家精神』ダイヤモンド社）
- Haragadom, Andrew. *How Breakthroughs Happen*
- Kuhn, Thomas. *The Structure of Scientific Revolutions*（トーマス・クーン『科学革命の構造』みすず書房）
- Shekerjian, Denise. *Uncommon Genius:How Great Ideas Are Born*
- Ueland, Brenda. *If You Want to Write*
- Utterback, James M. *Mastering the Dynamics of Innovation*（ジェームズ・M・アッターバック『イノベーション・ダイナミクス』有斐閣）

明確化
Articulation

第2章

ポジショニングの奥義

自己紹介させてもらおう。おれの名はワイリー・コヨーテ……天才だ。ものを売ろうとか働きながら学校に行こうとかいうんじゃない。そこでさっそく本題に入るが、おれはウサギのおまえを夕食にいただくことにした。逃げてもむだだ！　おれはおまえより体格がいいし、頭が切れるし、足も速い……おまけに天才ときた。おまえなど幼稚園の入学試験にも受からないだろう。例によって二分だけやるから、祈りでも唱えるんだな。

アニメ『バッグス・バニー／ロード・ランナー・ムービー』（一九七九年）

起業の要諦2

たいていの人は「ポジショニング」というと、ばか高いくせに無知なコンサルタントに吹き込まれてマーケティング担当者が押しつけてくる、どこか無理のある行為だと考える。実際には、ポジショニングは経営合宿などをはるかにしのぐ効果がある。しかるべきポジショニングは新しい組織の中心となる「魂」を代弁する。以下のことを明確に語るのである。

✪なぜ創業者はその組織を立ち上げたのか。
✪なぜ顧客はその組織をひいきにすべきなのか。
✪なぜすぐれた人材はそこで働くべきなのか。

ワイリー・コヨーテはたいていの起業家よりポジショニングをよく理解している。そう、彼はコヨーテであり、夕食にウサギを食べようとしている。組織はみずからが何をするのかを正確に説明することで、コヨーテと同じようにそのポジショニングをはっきりさせなければならない。そのためのポイントは、せんじ詰めれば、以下の簡単な問いに答えることにほかならない。

〈あなたは何をする組織か?〉

この問いにしっかり答えるためには、みずからの組織の優位性を把握し、並みいる競合とどこがちがうのかを明確にしなければならない。それからそのメッセージを市場に伝えなければならない。本章では、その両方を簡潔かつ差別化されたやり方で力強く行うためにはどうすればよいかをご説明する。

優位性を把握する

コヨーテに食べられようとするウサギでないかぎり、すぐれたポジショニングは人々を鼓舞し、元気づける効果がある。お金や市場シェア、経営者のエゴにからめとられるようなことはない。めざすべきは以下のような性質だ。

▼ポジティブ　起業は戦争ではないから、好戦的な言葉で事業を表現しなくてもよい。あなたの組織の目的はほかの組織を蹴落とすことではない。あなたが競争相手を打倒したかろうがどうしようが顧客は知ったことではない。彼らが知りたいのは、あなたの組織やサービスをひいきにすればどんなメリットがあるのかである。

▼顧客中心　ポジショニングとはあなたが顧客のために何をするかである。あなたがどうなりたいかではない。自分たちが「リーディングカンパニー」だという宣言は自己中心であり、顧客中心ではない。それに現実的でもない。どうやってリーダーであることを証明するのか？　あなたがやったのと同じように他の組織が「われこそはリーダー」と名乗るのをやめさせることができるだろうか？

▼自信を植えつける　従業員は自分たちのすること（すなわちポジショニング）が世界を

もっとよい場所にすると信じなければならない。たとえばeBayの社員は人々に経済的な成功をもたらすことができると信じている。こうした考え方があれば従業員は自分自身の限界を破り、しかもそれを楽しむことができる。

優位性に基づくポジショニングの好例はトヨタのプリウスだ。電気モーターとガソリンエンジンの両方を使うことで、このクルマはガソリン一ガロンあたり五五マイル（約二四キロ／リットル）の燃費を実現する。特別速いわけではないし、セクシーでもゴージャスでもない。でも価格は高くないし、維持費もあまりかからない。それがこのクルマ独自の強力な個性である。

優位性の把握に加えて、すぐれたポジショニングは「働き者」だ。とても現実的で、顧客、ベンダー、従業員、マスコミ、パートナーが理解、信奉しやすい戦術的・戦略的な目的に貢献する。したがって、すぐれたポジショニングは次のような利点も具現化する。

▼一目瞭然　すぐれたポジショニングはその大義を明確に述べる。経費の節減、収益の拡大といった利点だけでなく、心の平安、悟り、喜びといった高尚な概念をも具現化する。

▼具体的　すぐれたポジショニングは特定の顧客をターゲットにする。対象顧客ならそれがすぐにわかる。対象顧客でなくともわかる。たとえば「ウェブサイトのセキュリティ

向上」は、「銀行のオンライン取引における不正行為の削減」に比べれば平凡であいまいな価値表現だ。

▼中核的　補助的な製品やサービスではなく、あなたの組織のコアコンピテンシー（核となる強み）こそがすぐれたポジショニングの基礎となる。たとえばアップルコンピュータのポジショニングは、革新的なデバイスをつくる能力に重きを置く。ＩＴコンサルティングサービスについて風呂敷を広げたりはしない。

▼適合的　組織のコアコンピテンシーの裏側にあるのは顧客のコアニーズである。組織のコアコンピテンシーと顧客のコアニーズが適合していなければ、あなたの組織やポジショニングは顧客にとって魅力的ではない。

▼長持ち　創業間もないＩＢＭが「お店にキャッシュレジスターを提供します」とやっていたら、とんでもないポジショニングになっていただろう。もっと悪いのは「ナショナル・キャッシュ・レジスター」という社名をつけた会社があることだ。*　一〇〇年はもつポジショニングをめざしたい。

▼ユニーク　競争相手と同じようなポジショニングであってはならない。不幸にも多くの企業が、競争相手などないかのような、あるいは唯一の競争相手がまったくの無能であるかのようなポジショニングを掲げているが、そんなことはめったにない（これについては本章中の「『反対語テスト』を行う」で詳しく述べる）。

【練習問題】自分の組織のポジショニングを見てどう思ったか。
ⓐ自分たちがやっていることにぴたりと照準を合わせることができて誇らしい。
ⓑあらゆる顧客層に言及しているので安心だ。

汝、ニッチより始めよ

F・W・ウールワースが最初の店をオープンすると、同じ通りの商店主はこの新しいライバルに闘いを挑もうとした。彼は「この場所で五〇年以上営業しております」という大きな看板を掲げた。翌日、ウールワースも看板を出した。「一週間前に開店。古い在庫はいっさいなし」

ピーター・ヘイ *The Book of Business Anecdotes*

多くの起業家はニッチ市場とのかかわりを避けようとする。重要な部門から締め出されるのがこわいので、売り上げをなるべく大きくし、ひとつのバスケットにすべての卵を入れる

＊ＩＢＭはInternational Business Machinesの頭文字である。「Business Machines（事務機器）」というのも狭い定義だが、ＩＢＭはキャッシュレジスター市場には安住しなかった。

（すなわち、ひとつの事業にすべてを賭ける）。大きな水平的市場に幅広くアピールしようとする。なぜなら彼らの目に入るのは守備範囲の広い成功企業であり、自分たちもそうでなければならないと考えるからだ。

マイクロソフトを例にとろう。だれもがマイクロソフトになりたいと考える。司法省に実質的に勝訴したマイクロソフトは、二〇〇四年前後の段階で、PC、サーバー、PDAおよび電話向けのオペレーティングシステム、ウィンドウズやマッキントッシュ向けのアプリケーションソフトウェア、さらにはオンラインアクセス、PC用ゲーム、自社製ゲームハードウェアなどを販売している。

次なるマイクロソフトをつくるには多面的攻撃が必要だとお考えかもしれない。それは一二〇パーセントまちがっている。次なるマイクロソフトをつくるにはニッチからスタートし、足がかりを築き（ここで「足がかり」というのは、大きな競争相手がもはや目を向けていないほど小さいけれども、成功すればそれなりの収益性を得られるほどは大きな市場をいう）、そして（運がよければ）場所を移るという手順が必要だ。

さらにあなたは、マイクロソフトは最初から手広く事業を行ったから今日のコンピュータビジネスを牛耳っているのだとお考えかもしれない。ところが実際には、マイクロソフトはごく小さな分野からスタートした。CPMというオペレーティングシステムのためのBASICというプログラミング言語である。

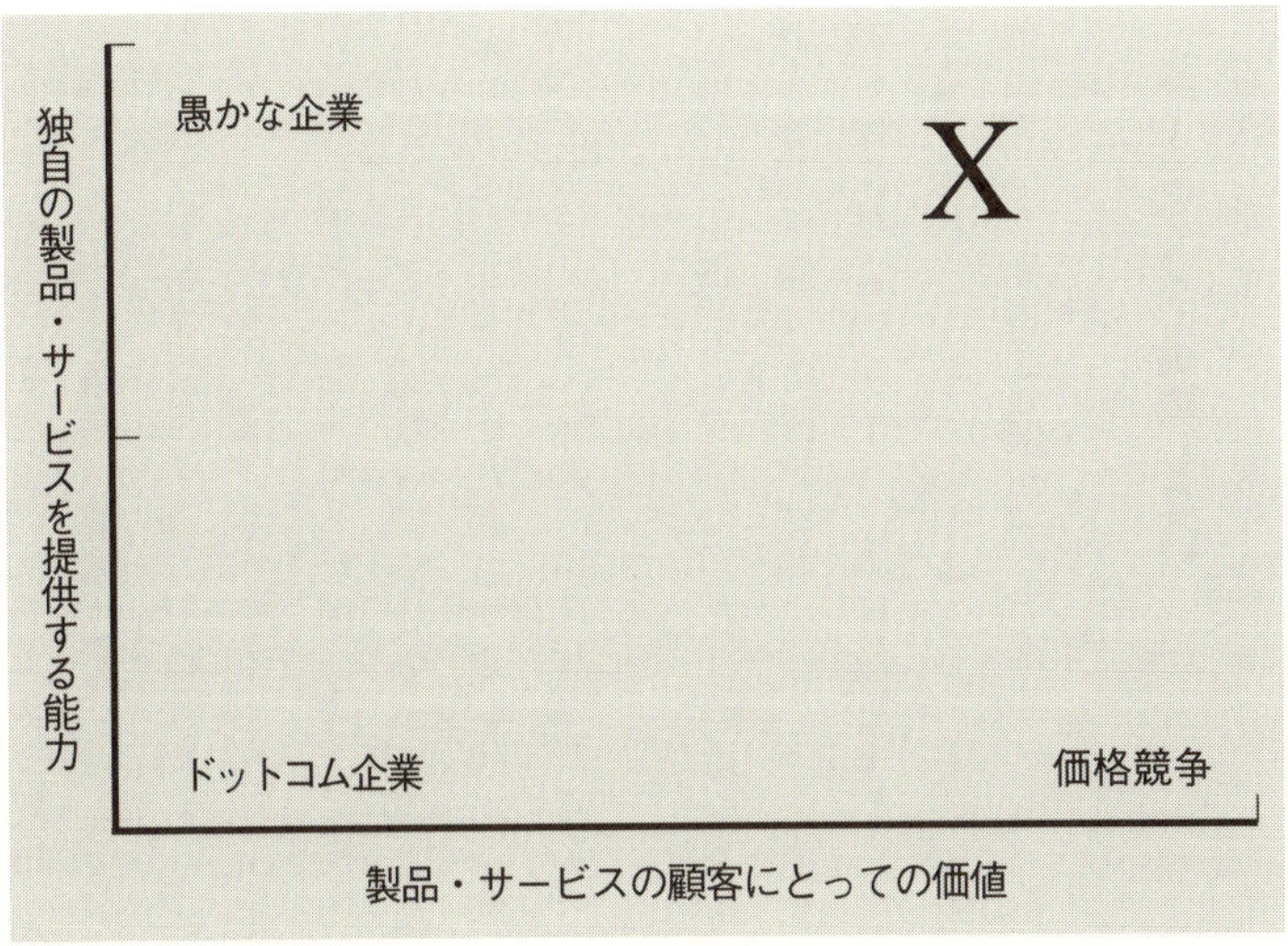

新興組織であるあなたは火炎放射器ではなくマッチで火をつけようとする。できたての組織は火炎放射器を扱う余裕などない。別の言い方をすれば、バスケットにひとつのニッチを入れて孵化させ、また別のニッチを入れて孵化させ……これをくり返せばやがてそれらのニッチが集まって市場支配を可能にするというわけだ。

上図はニッチマーケティングの概念的枠組みを示している。縦軸は組織が独自の製品・サービスを提供する能力を表す。上へ行けば行くほど、市場のほかの組織とは異なるものが提供できることになる。横軸は製品・サービスが顧客にとってどれだけ重要かを表す。右へ行けば行くほど製品・サービスの価値は増す。この図の四つの領域を分析してみよう。

左上：ここは愚かな企業が入る場所だ。消費者がだれも気にかけないユニークな製品・サービスをつくっている。
右上：ここは理想の場所である。顧客からの評価が高く、しかも彼らが望むユニークな製品・サービスを提供するので利幅もよい。
左下：いま思えば、ここは多くのドットコム企業が占めていた場所だ。彼らはだれも問題にしない製品・サービスを同じように提供していた。それ以外は何もかもすごかったのだが。
右下：ここの問題は価格戦争がえんえんと続くということだ。もちろん人々はあなたの製品・サービスを買いたがる。でも他の企業も同じような製品・サービスを持っている。ここで成功できたとしても、人生は過酷なわりにつまらない。

自分の組織がこの図のどこにいるかを正確に見きわめるのは難しい。たいがいの組織はそれを希望的観測の練習問題にすりかえてしまう。すなわち〈右上に位置するためにはどの変数を使えばよいか?〉。この目標を果たすために企業がどんな指標を用いているかを知ったら、あなたはびっくりするだろう。でも、本当に関連性のある変数だけが顧客にとっての価値、提供すべき独自の能力なのである。

ネーミングで妥協しない

組織や製品・サービスのよいネーミングはポルノグラフィーに似ている。つまり定義はしづらいけれども、見ればそれとわかる。よい名前を思いつくのは製品・サービスを生み出すよりはやさしいが、世にあふれているネーミングの失敗例を考えればそうも言っていられない。

時間と頭を使ってよい名前を考えよう。そうすればポジショニングもラクになる。以下にその手順のヒントを示す。

▼最初のイニシャルはアルファベット順でなるべく早いものにする いずれあなたの組織、製品・サービスの名称がアルファベット順のリストに掲載される日がくる。そこでは遅く登場するよりも早く登場するほうがいい。たとえば出展者が一〇〇〇を数えるトレードショーを考えよう。出展者名簿の最初の三つに載りたいだろうか、それとも最後の三つに載りたいだろうか?

また、XやZで始まる言葉は避けたい。耳で聞いてもスペルがわかりにくいからだ。「ザイリンクス」と口で言われても、つづりが「Xylinx」なのか「Zylinx」なのか区別がつかない。

▼数字は避ける 名前に数字を使うのはいただけない。「123」のように表すのか、「One Two Three」のようにスペルアウトするのか覚えられないからだ。

▼動詞になる可能性がある名前を選ぶ 理想的に運べば、あなたの名前はその道でよく知ら

れた言葉の仲間入りをし、やがて動詞になる。たとえば文書を「フォトコピーする」とは言わず、文書を「ゼロックスする」と言うように。もっと最近では「インターネットで検索する」ことを「グーグる」と言う。動詞として機能する言葉は短く（二〜三音節以内）、舌をもつれさせない。

いわゆる頭字語（いくつかの単語の頭文字をつなげた語）についていえば、最初の単語が動詞としての確かな可能性を持っている（たとえば「Google Technology Corporation」ならまだよい）か、頭字語にしたときに何かしらしゃれた意味が出るかしないかぎり、複数単語の名前は避けたほうがよい。たとえば牧師を養成する教会的な組織にHawaiian Islands Ministryというのがあるが、この場合は「ＨＩＭ」となる。「hymn（賛美歌）」と同音異義語であるし、「Him」すなわち神のしゃれにもなる。

▼響きが異なるように　名前の音、響きはほかと区別がつかなければならない。悪い例は、クラリス（Claris）、クラランス（Clarins）、クラリチン（Claritin）、クラリア（Claria）。どの名前がソフトウェアなのか、化粧品、抗ヒスタミン剤、オンラインマーケティングなのか覚えられない。覚えていたとしても、四つの言葉すべてをひとつの分野と結びつけてしまうだろう。四つのうち三つはそれではたまらない。

▼論理的だと感じさせる　名前の響きはほかとちがうだけでなく、論理的でなければならない。つまり、あなたがしていることにマッチしなければならない。そのお手本はポケ

モンキャラクターの名前である。これほどさえたネーミング事例にはそうそうお目にかかれない。たとえばイシツブテ（Geodude）やベロリンガ（Lickitung）はどうか。ほかにもアゲハント（Beautifly）、エネコロロ（Delcatty）、フライゴン（Flygon）、ハンテール（Huntail）などのカードをお子さんに見せてもらえばいい。私が言う論理的なネーミング、すぐれたポジショニングというのがよくおわかりいただけるはずだ。

▼流行を避ける

いま考えると、一九九七年にガレージ・テクノロジー・ベンチャーズを始めたとき、私たちはネーミングでふたつの失敗を犯している。まず、最初はこの会社を「garage.com（ガレージ・コム）」と呼んでいた。残念ながら、インターネットの絶頂期が去ると「ドットコム」はネガティブな意味合いを帯びるようになった。つまり、ビジネスの見識に欠ける輩がビジネスモデルのない市場で経営する会社という意味だ。

第二の誤りはgarage.comの最初の「g」を小文字にしたことだ。謙虚を気どってみたのだが浅はかだった。「g」を小文字にしたことの問題は、文章のなかでそれが埋もれてしまうということだった。固有名詞だということが見た目にわからない。私の名前がGuyではなくguyだったら気づいていたのかもしれないが。それに、文が「garage.com」で始まるときにはどうすればよいか？　これにはだれもが頭を悩ませた。大文字にすべきなのかどうかと。

ふり返っての私の結論は、何十年ももつ名前を考えろということ、そして製品・サービスの中身のほうにもうちょっと頭を使えということである。

クリスピー・クリーム（Krispy Kreme）という名前はどうだろう。アルファベット順で早い文字で始まるわけではないし、どちらの語もつづりが正しくない（正しくはcrispyとcream）。さらに、この会社のドーナツはクリスピー（サクサクしていること）でもクリーミーでもない。これが証明しているのは、製品が本当にすぐれていれば何ごとも克服できるということだ。

最後にもうひとつ。カルガリー国際空港のトイレで私はすばらしい社名を見た。この会社はトイレ内の広告スペースを売っているのだが、その名をFlushmediaという（訳注：flushにはトイレの水を流すという意味もある）。おみごと。

個人に関連づける

飼い犬にとって人間はみなナポレオンである。だから犬はつねに人気が高い。

オルダス・ハクスリー

私は最近、ペットのための信託が設定できるオンラインサービスを始めたいという起業家に会った。ペットよりも先に飼い主が死ぬことがあるのだ、と彼女は心配していた。彼女の売り込みの拠り所は、米国で年九〇〇万ものペットが安楽死させられているという事実だった。

ベンチャーキャピタリストとして私がまず言ったのは、九〇〇万ものペットが安楽死させられているとしても、そのすべてが飼い主に先立たれたからではないということだ。この理由で安楽死させられているペットはほとんどないだろう。だから彼女が考えるほど市場は大きくないと。

次にひとりの犬の飼い主として（ロッキー・カワサキというボクサー犬だ）言ったのは、彼女は正しいということだ。ロッキーはどうなるのだろう？　家族のだれも彼のために遺書を残したり信託を設定したりしていないのだから。

ここから学ぶべきは、できるだけ個人に関連づけて製品・サービスを位置づけろということだ。「九〇〇万のペットはどうなる？」よりも「ロッキーはどうなる？」のほうがずっと効果的だ。飼い犬に関する個人的な心配を引き起こしてくれれば、私は同じようにペットの心配をする他の何百万という人たちに思いをはせることができる。

ポジショニングはそれが個人にかかわるときのほうが効果をあげる。見込み客としては、製品・サービスがどのようにニーズを満たすのだろうと想像する手間が省けるからだ。

個人に関係なし	個人に関係あり
当社のオペレーティングシステムは経営情報システム部門がコントロールを維持し、コストを削減するための業界標準です	当社のオペレーティングシステムであなたはさらに創造的、生産的になります
地球のオゾンホールの規模を小さくします	黒色腫を予防します
多数の航空機がハブアンドスポークで全米を飛んでいます	いまや全国を自由に移動できます
学区のお子様のテストの平均点をアップさせます	ジョニーが必ず字を読めるようにします

「日常語」を話す

自問せよ。それは……あなたの目を引いたか？　興味を引きつけたか？　心に響いたか？　日常語を語っているか？　「私」に重点を置いているか？　要領を得ているか？

アレン・ケイ（広告の大御所）、よい広告とは何かについて

ある日のこと、とある会社のCEOがガレージ・テクノロジー・ベンチャーズに現れ、次のようなポジショニングステートメントで売り込みをした。「二〇四八ビットのディフィーへルマン鍵交換法と一六八ビットのトリプルDESを使って、デジタルボイス、ファクスおよ

び無線通信の侵入防止システムを提供します」

暗号専門家にとってはこのステートメントもそれなりの意味を持つのだろうが、われわれ一般人にしたらギリシャ語ででも話してくれたほうがよさそうだ。私たちの助言により、そのCEOは次のようにポジショニングを変更した。「あなたの通信を保護します」

クライアントの許しが得られていたら、私はそれをさらに縮めて「安全な通信」という標語《マントラ》にしていただろう。

何をだれに売っていようが、事業内容を表すには平易な言葉を使うこと。業界では当たり前に通じる言葉であっても、それ以外の多くの人々があなたの事業を理解しないことには始まらない。

「反対語テスト」を行う

ほとんどの企業はその製品やサービスを表現するのに同じ言葉を用いる。まるでどの企業も、見込み客が無人島に住んでいて「質が高い」「力強い」「使いやすい」「速い」「安全な」と称される製品・サービスなど聞いたことがないと考えているかのようだ。

私が言うことを確かめるため、「反対語テスト」をやってみよう。あなたは自分の製品・サービスを競争相手の製品・サービスと反対のやり方で表現しているだろうか？　もしそうなら、あなたが言っていることは独自の内容である。そうでなければ、あなたが言っているこ

形容詞	裏づけ
使いやすい	1日でセットアップでき、エンドユーザーにトレーニングは不要
安全な	ハッキングされたことがない
速い	実際にスループットが5倍向上
拡張可能な	1秒に2万ものトランザクションを処理

とは無力である。

たとえば、競争相手がその製品を「使いにくく、無防備で、スピードが遅く、限定的」と表現しているなら、あなたの製品を「使いやすく、安全で、スピードが速く、拡張可能」と表現するのもよいだろう。でも、たぶんそういうことはないから、あなたが言っていることに意味はない。

あなたの製品を際立たせるもっとよい方法は、人々がその独自性を推察できるような具体的裏づけを提供することだ。

たしかに、上の表にあるようなたくさんの言葉を使って言いたいことを言う、そんなぜいたくができないケースもあるだろう。しかし、そうした制約があるからといって、陳腐で無意味な形容詞を用いてもよいということにはそうそうならない。自分たち独自の言葉を探すか、科学的な裏づけを提供するかしよう。「使いやすい」「安全な」「速い」「拡張可能な」といった、あまりにもおなじみの形容詞で表されるのが自分たちの製品だけだ、と考えないように。

メッセージを組織じゅうに行き渡らせる

組織のポジショニングというのは難しい作業だが、苦労する価値はある。多くの企業がここまできながら、中途半端な社内メモを発信したり、年次報告書に機械的なポジショニングステートメントを載せたりしているだけなのは残念だ。悲しすぎる。

ポジショニングのプロセスで大切なのは、マーケティング部門や組織のトップから臨時社員、コンサルタントまでの全員がポジショニングを理解するということである。そのためには、あなたのポジショニング案を説明した簡単な文書を配り、これを全員参加の会議で検討すればよい。マネジャーは全従業員がそれを知っているようにしなければならない。山から流れ落ちる滝を思い浮かべよう。頂上が湿っているだけではだめだ。

【練習問題】 受付嬢にあなたの組織が何をしているか訊いてみよ。

【応用問題】 最も新しく採用された人たちに、なぜこの組織に入ったのか訊いてみよ。彼らの答えは、真のすぐれたポジショニングの大きなヒントになる。なぜなら、彼らは内にいながら新鮮な外向きの視点を持っているから。

それから、取締役や相談役を忘れてはならない。驚いたことに、役員たちの多くは組織がやっていることをうまく表現できない。彼らは「経営陣」なのだから組織の責務をしっかり把握していそうなものだが、実際には、現実に起きていることからかけ離れている。ましてや起きるべきことからははるかに遠いところにいる。

すなわち、組織のポジショニングの伝達はマーケティング部門や経営者だけの仕事ではない。それは全員の仕事なのである。これはきわめて重要であり、従業員の出入りがあるたびにくり返す必要がある。在籍しつづけている従業員にもポジショニングに関する再教育が必要だ。およそ半年ごとが適切だろう。

流れに身をまかせる

市場にあなたのポジショニングを決めさせることはできないのと同様、あなたも結局は自分のポジショニングを「コントロール」できない。

あなたは最善を尽くしてメッセージをつくり上げ、それを従業員、顧客、パートナーに浸透させる。だがそこで、市場は奇妙で力強く、ときにはいらだたしいけれども、多くの場合はとてもすばらしいことをやってのける。市場みずから決定をくだすのである。これは意外な顧客が意外な方法であなたの製品・サービスを使うがゆえに起きることだ。たとえばスプレッドシート/データベース/ワードプロセッサ用のコンピュータがデスクトップパブリッシング（DTP）のツールになるように。

これが起きたときは、ⓐ落ち着いて、ⓑ市場の言うことに耳を傾ける。市場はたぶんあなたのために、ありのままのポジショニングを見つけてくれたのだから。なんとかそれでやっていけそうだろうか？　結局のところは、無理やりこじつけたポジショニングに従おうとするよりも、現実の流れに身をまかせるほうがよい。

【練習問題】

ステップ❶あなたの製品・サービスを使っているときの「顧客体験」をワンパラグラフで記述する。

ステップ❷顧客に頼んで、あなたの製品・サービスを使っているときのようすをワンパラグラフで書いてもらう。

ステップ❸ふたつを比較せよ。

FAQ

Q1 組織のポジショニングステートメントをつくるにはPR会社を使うべきですか？

A1 ポジショニングはPR会社などの外部組織にまかせてはなりません。他人まかせにするにはあまりにも重要な仕事だからです。ポジショニングは基本的なタスクですから、安易な道をとってはなりません。

Q2 自分を「弱者」に見せる戦略的メリットはありますか？　それとももっと評判の高い大手事業者のイメージを与えようとすべきですか？

A2 ウソは「拡張性」がありません。一度人をだましはじめたら、その中身を把握しつづけなければなりません。かかわる人が増えれば増えるほど、ことは複雑になります。つねに実寸大の自分を投影すべきです。なにも、まだまだ未熟で脆弱《ぜいじゃく》、資金不足というイメージをわざわざ前面に出せというのではありません。しかし、ゼネラルモーターズでもないのにゼネラルモーターズのふりをするのはいけません。

Q3 組織の命名にさいしてはドメイン名も考慮すべきですか？

A3 もちろんです。ドメイン名があれば恰好がつくというだけではありません。顧客、パートナー、投資家が覚えやすく使いやすいドメイン名は必要不可欠です。

Q4 ポジショニングを考えるとき、出口戦略まで見越しておくべきでしょうか？

A4 出口戦略（それはあなたが制御できないものです）がポジショニングをどう変えるのでしょう？　臆せず、よい組織をつくってください。そのひとつの側面がすぐれたポジショニングです。出口戦略を気にする必要はありません。ましてや、それがポジショニングにどう影響するかなど――。

推薦書籍

●Trout, Jack. *TheNew Positioning*（ジャック・トラウト『ニューポジショニングの法則』東急エージェンシー出版部）

第3章

売り込みの奥義

その言葉は少し言い直せ。おまえの財産が台なしにならないように。

シェイクスピア「リア王」

起業の要諦3

「われ思う、ゆえにわれあり」は忘れてよい。起業家にとって重要な文句は「われ売り込む、ゆえにわれあり」である。売り込みは資金調達に役立つだけではない。それはなんらかの合意に達するのに欠かせない手段だ。その合意をもとに、製品・サービス開発へのゴーサイン、取引の成立、パートナーシップの確保、従業員の採用、投資の確保など多くの成果が生まれる。

問い　起業家が売り込んでいるのはどうやってわかる？

答え　唇が動いている。

私は長年、よき売り込みのエバンジェリストであった。というのも耳鳴りの症状に苦しんでいるからだ。右耳が絶えず鳴っている。いろいろな専門医を訪ねたが、だれも原因がわからない。治療法となるとなおさらだ。

私が言われているのは、塩分の摂取を減らすこと（味噌汁と寿司を愛する日系アメリカ人には考えられない）、チョコレート、ワイン、チーズの消費を減らすこと（カリフォルニア在住のアメリカ系日本人には考えられない）、心配事を減らして睡眠時間を増やすこと（シリコンバレーの技術系企業のCEOには考えられない）。この謎の症状にはもうひとつ付け加えるべきことがある。たちの悪い売り込みをうんと聞かされると、耳鳴りが起きるのだ。

売り込みのポイントは、すばやいスタートを切り、事業の妥当性を説明し、高い水準を維持し、聞き手の反応を確かめ、うまくいくまで何度でもくり返すことである。本章では、あなたの組織や製品・サービスを手短で簡潔に、かつ効果的に売り込む方法を伝授する。

最初の一分で自分の説明をする

私はこれまで資金を調達しようとする起業家、新製品に対する経営陣の承認を得ようとする社員、助成金を確保しようとする非営利団体の売り込みを最後まで聞いて、「最初の一五分で語り手のこれまでの人生を説明してほしかった」などと思ったことはない。あなたにすれば最初のうちはウォーミングアップで大わらわなのかもしれないが、聞き手は当然、「この人たちは何をしている組織なのだろう?」と考えている。

この情報こそ、売り込みがうまくいくために必要な、聞き手にとっての拠り所である。足がかり、あるいは基本情報といってもよい。彼らの要望どおり、最初の一分でその問いに答えてあげよう。あなたが何をしているかさえわかれば、聞き手はほかのどんなことももっと集中して聞くことができ、話が多少脱線しても大目に見てくれるだろう。

【練習問題】 タイマーを一分にセットし、タイマーが止まるまで売り込み文句を口にする。次にあなたの組織が何をしているのか、聴衆にワンセンテンスで書いてもらう。回答を集め、あなたが言ったつもりの内容と比較すべし。

残念ながら多くの起業家が、売り込みとは物語であり、冒頭はつねに自伝形式でなければならないといまだに信じている。この感動的な物語をもとに、聞き手は組織の事業と製品を予測するわけだ。

あらためて考えてほしい。実際はその逆である。あなたが何をしているかをまず明らかにしよう。そうすれば、聞き手はあなたの事業の詳細を理解できる(そうでなくても推測くらいはできる)。売り込みの最初に誤解の余地をなくし、聞き手があなたのそもそもの素性を想像しなければならないような事態は避けること。自己紹介は簡潔にわかりやすく――。

- ✪ソフトウェアを販売しています。
- ✪ハードウェアを販売しています。
- ✪恵まれない子どもたちを教えています。
- ✪罪を犯した人を援助しています。
- ✪児童虐待を予防します。

「それで?」の声に答える

ガレージ・テクノロジーの同僚ビル・ヨースが教えてくれた話だ。ＩＢＭでキャリアをスタートさせた彼は、プレゼンテーションのあいだじゅう、肩の上に乗っかった小男をイメージせよと会社で教えられたらしい。ビルが何かを言うたびに、その小男が「それで?」とささやきかけるのだ。

起業家たる者はこの小男をいつも肩に乗せ、そのささやきに耳を傾けるべきである。残念ながら、たいていの起業家はそうした小男がいないか、私のように耳鳴りをおぼえているかだ。肝に銘じておこう。あなたが述べていることの重要性はつねに自明とはかぎらない。ましてや衝撃的で目をみはるような内容かどうかなんてわからない。

自分が発言するたびに小男の問いかけを想像しよう。それに答えたうえで、売り込みにおいて最も力を発揮する言葉を続けよう。「たとえば――」。そして、あなたの製品・サービスの特徴を現実にどう活用するかを論じるのだ。

売り込みで何よりも力を発揮するのは、「それで？」に対する答えと「たとえば」を組み合わせることである。

あなたの発言	小男の問い	あなたの答え	そして詳しい説明
「私たちの補聴器はデジタルシグナル処理を用いています」	「それで？」	「音の明瞭さが増します」	「たとえば、さまざまな会話が行き交うカクテルパーティーで、人々が話しかけてくる内容を聞き取ることができます」
「携帯デバイスにおける一二八ビットの暗号化を可能にします」	「それで？」	「システムへの侵入がきわめて困難です」	「たとえば、ホテルの部屋から本社と電話で安全に話したいときに役立ちます」
「○○さん（著名人）に顧問になっていただいております」	「それで？」	「著名人の方にも十分魅力的なサービスといえます」	「たとえば、○○さんにはすでに同じ業界の方々に私どもを推奨いただいております」
「私たちの新しい学校ではモンテッソーリ法を導入しています」	「それで？」	「当校は子どもたち一人ひとりに焦点を当て、それぞれが自主的に学べるようにします」	「たとえば、特定分野の才能にめぐまれた子どもがほかの生徒より進んだ学習ができるようにします」

聴衆を知る

すぐれた売り込みの基本はアドレナリンを自然分泌させる能力だ、と新米起業家は考える。それはまちがいだ。すぐれた売り込みの基本は打ち合わせの前に行う調査である。

まず、聴衆にとって何が重要かを知ろう。それには会議の「スポンサー」にあらかじめ以下の質問をすればよい。


✪私たちの組織について知りたい三つの最重要事項は何か？

✪私たちのアイデアになぜ関心を持ったのか？　なぜ打ち合わせの機会を持ってもよいと思ったのか？

✪打ち合わせの前に、特別の問題、質問あるいは「地雷」に備えておいたほうがよいか？

✪打ち合わせで最も年上の人は何歳か？（この情報がなぜ必要かはすぐにわかる）

次に、相手組織のウェブサイトのチェック、グーグル検索、報告書の閲読、業界通へのヒアリングなどを通じて、聴衆に関する重要情報を集める。調査すべきは以下の情報である。

▼組織のバックグラウンド　その組織のミッションステートメントはどのようなものか？　組織の起源はどうか？　だれが資金を出したか？　だれが設立したか？

▼**エグゼクティブ**　だれが働いているか？　彼らは以前どんな組織に勤めていたか？　どの学校に通ったか？　現在はどんな役員会などで働いているか？

▼**現在の取り組み**　ここでの調査事項は、あなたが立ち上げようとしている組織の種類、あなたが得ようとしている成果によって異なる。一般的には、相手組織が何をしているのか、今後の方向はどうかをはっきりさせなければならない。

第三に、チーム内でのブレーンストーミングにより、売り込みを強力かつ有意義なものにするためのつなぎ、しかけ、工夫などを検討する。いろいろな可能性があるが、聴衆の前でそれを見きわめるのは難しい。重要なのは、事前に、つまりプレッシャーがほとんどないときにこの検討を行うことだ。

一〇／二〇／三〇ルールを守る

私はこれまで短すぎる売り込みを聞いたことがない。短すぎる売り込みというのはありえない。なぜなら、すぐれた売り込みは聞き手を質問したい気にさせて長引くからだ。ここにすぐれた売り込みの内容、長さ、使用フォントについて指針を示そう。

✪一〇枚のスライド

✪二〇分
✪三〇ポイントのフォント

一〇枚のスライド

あなたは売り込みのなかで聞き手にあることを覚えてもらわなければならない。そう、あなたの組織が何をしているかを。そうすれば競争相手の九割をしのぐ売り込みになる。覚えておこう。何もかも伝えるのではなく、「十分に」伝えるべきであると。

「十分」とは、次のステップへ進むのに十分という意味だ。次のステップといってもいろいろある。資金調達であれば、次のステップはその企業のもっとたくさんのパートナーと会うことである。販売であれば、次のステップはテスト導入や小口購入。提携であれば、次のステップは組織内のもっと多くの人と会うことである。

心得てほしい。売り込みの目的は関心を促すことだ。商談をまとめることではない。だから売り込みに使うべきスライド数は少ない。一〇枚かそこらだ。一見不可能に思える少なさだが、そのおかげで絶対不可欠な要素に集中せざるをえない。多少の上乗せはよいが、二〇枚を超えてはならない。スライドが少なければ少ないほど、あなたのアイデアは聞き手を引きつける。以下、①投資家向け（営利・非営利組織）、②見込み客向け、③潜在パートナー向けの三種類の売り込みについて必要不可欠なスライドは何かをご覧いただきたい。

❶ 投資家向けの売り込み（営利および非営利組織）

スライド	内容	コメント
タイトル	組織名、自分の氏名・肩書、連絡先	聞き手がスライドを読める——それが組織のしていることを説明するさいの肝だ（「ソフトウェアを販売しています」「ハードウェアを販売しています」「学校です」「教会です」「環境保護団体です」）。そのものずばりを言うこと！
問題	あなたが和らげようとする痛みの種類を述べる。目標は全員をうなずかせ、その理解を取りつけること	使うあてのない解決策だと思われないように。将来の市場規模に関するコンサルティング会社の調査を引用するのは極力やめる
解決策	痛みをどう和らげるのか、どんな意義を見出しているのかを説明する。聞き手があなたの売るもの、あなたの提供価値をはっきり理解できるようにする	突っ込んだ技術説明の場ではない。どうやって痛みを和らげるのか、その要点だけを示す。たとえば、「ディスカウントトラベルのウェブサイトです。他のすべての旅行サイトを検索し、見積価格をひとつの報告書にまとめるソフトウェアを開発しました」という具合
ビジネスモデル	いかに儲けるのかを説明する。顧客はだれか、販売チャネルは、粗利は？	概して、未実証のユニークなビジネスモデルはおっかない。本当に革命的なビジネスモデルがあるなら、おなじみのビジネスモデルの言葉でそれを説明すること。すでにあなたの製品・サービスを使っている組織名を出すなら、ここがよい

製品・サービスの目玉	製品・サービスを背後で支える技術、秘術、魔術を述べる	文字が少なく図表やフローチャートが多いほどよい。ホワイトペーパー（白書）や客観的証拠も有効
マーケティング・販売	どうやって顧客にリーチするのか、マーケティングのレバレッジポイントはどこかを説明する	さほどお金のかからない効果的な市場到達戦略があることを納得させる
競合	競合状況を十分に示す。説明不足より説明しすぎのほうがよい	競争相手を小ばかにしてはならない。顧客、投資家、従業員を問わず、みんなが知りたいのはなぜあなたがすぐれているのかであり、なぜ競争相手がだめなのかではない
経営陣	経営陣、取締役会、顧問団の主要人物、主な投資家を紹介する	完璧なチームでなくても恥じることはない。どんな新興組織も経営陣に欠点はある。本当に大切なのは、欠点があることを承知し、それを直そうとしているかどうかである
財務予測と重要指標	五年間の予測を提供する。金額だけでなく、顧客数、転換率などの重要指標も盛り込む	ボトムアップ方式の予測をする（詳細は第5章「自己資本経営の奥義」参照）。長めの販売サイクルや季節性を考慮する。予測のもとになる仮説を理解してもらうことが、数字そのものと同じく重要
現状、ここまでの成果、スケジュール、資金の用途	製品・サービスの現状、当面の見通し、調達しようとしている資金の用途を説明する	プラスの材料や傾向を詳しく語る。最後に実行への姿勢を示す

❷見込み客に対する売り込み

スライド	内容	コメント
タイトル	組織名、自分の氏名・肩書、連絡先	聞き手がスライドを読める——それが組織のしていることを説明するさいの肝だ（「ソフトウェアを販売しています」「ハードウェアを販売しています」「学校です」「教会です」「環境保護団体です」）。そのものずばりを言うこと！
問題	あなたが和らげようとする顧客の痛みを述べる	顧客のかかえる痛みについて述べているという確信を持つこと
解決策	痛みをどう和らげるのかを説明する	突っ込んだ技術説明の場ではない。どうやって痛みを和らげるのか、その要点だけを示す
販売モデル	聞き手があなたの売るもの、あなたの提供価値をはっきり理解できるようにする	すでにあなたの製品・サービスを買っている組織名を出すなら、ここがよい。この点について説得力ある話があるなら、「現在の顧客」というスライドを別途加えるとよい
技術	製品・サービスを背後で支える技術、秘術、魔術を述べる	文字が少なく図表やフローチャートが多いほどよい。ホワイトペーパー（白書）や客観的証拠も有効
実演	できればここで、製品・サービスの生実演に移る	実演はうまく行えば千のスライドの価値がある
競合分析	競合状況を十分に示す。説明不	見込み客がどんな競合製品・サービスを使っているかを事前に調べる。できれば、見込み客がそれについてどんな問題をかかえているのかも。ただし競争相手を小ばかに

	足より説明しすぎのほうがよい	してはならない。顧客が知りたいのはなぜあなたがすぐれているのかであり、なぜ競争相手がだめなのかではない
経営陣	経営陣、取締役会、顧問団の主要人物、主な投資家を紹介する	この目的は、見込み客が新興組織から安心して製品・サービスを購入できるようにすること
次のステップ	お試し期間、試験導入などの「実施要請」で締めくくる	

❸潜在パートナーに対する売り込み

スライド	内容	コメント
タイトル	組織名、自分の氏名・肩書、連絡先	聞き手がスライドを読める――それが組織のしていることを説明するさいの肝だ（「ソフトウェアを販売しています」「ハードウェアを販売しています」「学校です」「教会です」「環境保護団体です」）。そのものずばりを言うこと！
問題	あなたが和らげようとする顧客の痛みを述べる	潜在パートナーがあなたと同じ顧客に販売している、または販売したがっていることを確認する
解決策	顧客の痛みをどう和らげるのか、また提携によって何がよりよくなるのかを説明する	目標は2＋2＝5になるとパートナー候補に思わせること

提携モデル	提携がどう機能するのかを説明する。だれが何をいつ、どのように、なぜ行うのか？	このスライドは前のスライドの効能を継続させる、つまりシナジーをますます明白かつ魅力的にする必要がある
製品・サービスの目玉	製品・サービスを背後で支える技術、秘術、魔術を述べる	文字が少なく図表やフローチャートが多いほどよい。ねらいは、あなたの製品・サービスが特別であると潜在パートナーを納得させること
実演	できればここで、製品・サービスの生実演に移る	顧客の場合と同様、実演はうまく行えば千のスライドの価値がある
競合	このスライドは任意。これを省く主な理由は、あなたよりよい提携先を相手に知らせないこと	
経営陣	経営陣、取締役会、顧問団の主要人物、主な投資家を紹介する	この目的は、パートナー候補が新興組織と安心して協業できるようにすること
次のステップ	お試し期間、試験導入などの「実施要請」で締めくくる	

流動性ないし出口戦略についてひとこと。いつどのように流動性を実現するのか、そもそもそれが実現するかどうかもわからないのに、多くの起業家は次のようなスライドを加えたがる。「流動性の選択肢はふたつ。株式公開または買収」。ご親切にどうも。投資家があなたの出口戦略について尋ねたら、たいていはその投資家が何もわかっていないことを意味する。

それに答えてこれらふたつの選択肢を示すなら、あなたもほぼ同類ということだ。

流動性に関するスライドを加えるべきだとすれば、それは投資家が知っていそうにない買い手企業候補を少なくとも五つ挙げられるときにかぎられる。それは、あなたが業界のことをよくわかっている証になる。反対に、マイクロソフト（あるいはあなたの業界のマイクロソフト的存在）が買収してくれるなどと言おうものなら、投資家はみんな引いてしまうだろう。頭の鈍い投資家は別にして。

一〇枚のスライドのほかに、あなたの技術やマーケティング、現顧客、その他の重要戦略について詳述したスライドを数枚準備しておいてもよい。もっと詳しい説明を求められたときのために、事前に用意しておくのが得策だ。ただし、最も重要な一〇枚とはあくまでも別の扱いである。

二〇分

約束の時間は一時間のことが多い。だが、売り込み自体は二〇分で終われるようにしたい。理由はふたつある。まず、前の会議が遅れたら一時間もらえないかもしれないから。

もうひとつは、話し合いの時間をたっぷりとりたいから。二〇分のプレゼンテーションのあとに四〇分のディスカッションでもよいし、スライドごとにディスカッションを挿入してもよい。どちらでもかまわないが、一時間の会議で四五枚のスライドをえんえんと説明するというシナリオはありえない。会議の進行が思わしくない場合は別だが。
あなたはこう考えているのではないか。〈ガイが言っているのは一般庶民や能なし連中のことだ。そういう輩は二〇分で一〇枚のスライドしか使うべきではないけれども、われわれはちがう。なにしろV字カーブないしパラダイムシフト的な、業界一番乗りの特許申請中技術を手にしているのだから〉
ところが、私が言っているのはあなたのことだ。扱う製品・サービスは問わない。ドッグフード、永遠の命、ナノ粒子、光学部品、癌の治療薬……。ともかくスライドは一〇枚、時間は二〇分、それに尽きる。

三〇ポイントのフォント

このアドバイスはもともとはベンチャーキャピタリストに売り込みをかける起業家を想定していたが、プロジェクターを使って組織の売り込みが行われるすべてのケースに当てはまる。考えてほしい。ドットコムバブルの崩壊を生き延びたベンチャーキャピタリストはおそらくみんな四〇歳をすぎ、視力が低下しているはずだ。フォントサイズについて助言するならば、こうなる。最年長の投資家の年齢を二で割ったフォントサイズを使いなさい。

【練習問題】あなたのプレゼンテーション資料で一四ポイント未満の文をすべて削除せよ。

残ったのが聴衆の読める部分である。

本当の話、資料を説明するのに小さなフォントを使わなければならないとしたら、それは内容を詰め込みすぎている。ひとつのスライドが語るのは重要なポイントひとつにすべきだ。箇条書きの文はこのポイントを裏づけるものでなければならない。

読むためのスライドではなく、聴衆を導くためのスライドにしよう。それはあなたの口から出る言葉を言い換え、強化しなければならない。人が文章を読むスピードは話すスピードよりも速い。だからスライドに内容を詰め込みすぎると、聴衆はあなたの話よりも先にそれを読み、結局はあなたのしゃべることを聞いてくれない。

舞台を整える

打ち合わせ場所に行ったらプロジェクターがない。それはあなたのせいだ。あなたのラップトップコンピュータとプロジェクターの相性が悪い。それはあなたのせいだ。売り込みの途中に電球が切れたら、それはあなたのせいだ。出だしがぐずぐずしている、話にまとまりがない、服装がだらしない――すべてあなたのせいだ。

スタートにしくじったら、それを取り返すのは不可能に近い。だから早く現場に着いて舞台を整えよう。プロジェクターは自分のものを持参する。プレゼンテーション資料が入った

PCを二台持ち込む。USBフラッシュメモリーにプレゼンテーション資料をコピーしておく。最悪の事態が生じて万事休すになったときのために、資料をプリントアウトしておく。

最初に口にすべきは以下のようなせりふだ。

✪「どのくらいお時間をいただけますか?」(聞き手の時間を尊重して、タイムオーバーしないようにするという姿勢が伝わる)

✪「私がお伝えできる三つの最重要事項は何でしょう?」(これは前もって知っておくべきだが、再度確認しても問題はない)

✪「パワーポイントを使ってひと通りご説明してから、最後に質問を受け付けるというかたちでよろしいでしょうか? もちろん必要があれば、途中でも遠慮なくご質問ください」

だれもが同じ期待をいだけるように舞台設定を整えれば、すでに一歩先んじたも同然である。

話すのはひとり

起業家たちはこう思い込んでいる。投資家、顧客、パートナーはチームで仕事をしようとする。そしてチームが発揮するのが、そう、チームワークであると。こうした論拠をもとに彼らは固く信じている。四〜五人が会議に参加し、それぞれが売り込みのなかで役割を担うべきであると。なぜなら、それこそがチームワークのよさの証であるから。

この論法は学芸会にはうってつけだ。一人ひとりの子どもにせりふがある。両親や祖父母はそれを写真に撮る。全員参加だ。人生は楽しく、公正、公平である。しかし、売り込みは学芸会ではない。

売り込みではCEOがプレゼンテーションの八割を担当しなければならない。残りのチームメンバー（しかもそれはふたりまで）は、自分の専門分野に関するスライドを一枚か二枚担当する。質問があったときに詳しい回答をすることもできる。だが、大部分の売り込みはCEOみずからの仕事だ。それができないなら、できるまで練習しなければならない。それともCEOを代えるか。

聞き手がCEOの言ったことに反論してきたとき、チームメンバーはよくCEOを「救出」しようとする。たとえば、何層もの流通経路について問題を投げかけられたとする。あるチームメンバーはよかれと思って次のように述べる。「おっしゃるとおりです。私も顧客への直販にしぼるべきだとずっと考えていました」

これはまずい。柔軟な思考、開かれた環境、幅広い専門知識の表れではない。これは団結力のなさの表れだ。唯一の正しい対応は、「大切なご指摘です。その点については追ってご連絡させていただいてよろしいでしょうか」とCEOが言うことである。

空想をかきたてる

ガレージ・テクノロジーに売り込みに現れる起業家は、文字どおりひとり残らず、その市場規模を「証明する」スライドを三～四枚用意している。ガートナー、IDG、ヤンキーグループといった有名なコンサルティング会社に、「エビ養殖用ソフトウェア市場の規模は四年以内に五〇〇億ドルになる」と明言させるわけだ。

こうしたスライドのおもしろいところは、

✪どんな市場も最低五〇〇億ドルにはなる。

✪予測は四～五年先のことである。これはそれほど長い期間ではないので予測の信憑性《しんぴょうせい》が保たれる一方、それほど短い期間でもないので予測の証明ができない。

✪起業家自身を含め、部屋にいるだれもがその数字の妥当性を信じていない。

この問題にはふたつの解決法がある。ひとつは五〇〇〇億ドルからスタートして、現実的に対応可能な「トータルアドレサブル市場（TAM）」（訳注：競争相手がいないなどの条件下で達成可能な最大の市場規模のこと）に到達するまで、たまねぎの皮をむいていくことだ。TAMはあなたが実際に追い求めることのできる潜在市場規模であり、あなたの製品・サービスに関連したあらゆる消費の総額ではない。

たとえば新しく開店する寿司バーのTAMは、アメリカ人が毎年外食に費やす五〇〇億ドルでもなければ、エスニック料理に費やす五〇億ドルでもない。この場合のTAMは、店舗の周囲五〇マイル（約八〇キロ）の範囲内で日本食に費やされる一〇〇万ドルをいう。

この方法のメリットは、あなたが市場構造をよく理解し、どの層に働きかければよいかを現実的に把握しているという事実を明らかにできることだ。そうすれば残りの売り込みに対する信頼も得られる。市場規模が五〇〇億ドルだと言い張れば、そのまったく逆になる。

ふたつ目の解決法はもっと勇気がいる。市場調査など忘れて空想をかきたてるのだ。明らかにニーズが高いので聞き手が「暗算」できてしまう、そんな製品・サービスを提供するのである。この方法はいつもうまくいくわけではない。市場によってはニーズがそれほど明らかではないからだ。しかし、うまくいったときは目をみはる効果がある。

例を挙げよう。訪問者が書き込みできるウェブサイト——そのセキュリティ対策製品をあなたがつくっているとする。この製品を使えば、ハッカーはサイトに侵入することができない。

空想は以下のように展開する。
①ほとんどのウェブサイトに書き込みスペースがある。

②ウェブサイトはたくさんある。
③どの企業もハッキングされるのを恐れている。
④多くの企業がこの製品を必要とする。

こうした空想の連鎖は、セキュリティソフト市場が「四年で五〇〇億ドル」になるという調査結果を引用するよりもずっと効果がある。なぜなら聞き手は、同じような数字を使った売り込みをその日に四回も耳にしているからだ。エビ養殖用ソフトウェア、無線アクセスポイント、ナノ粒子、グラフィックスチップに関して……。

高さ一〇〇〇フィートにとどまる

本書で戦争のたとえ話が出るのはここだけだ。約束する。破壊的戦力をもたらす三つの方法を考えてみよう。

▼**B-1ランサー**　これは大陸をまたいで任務を遂行する長距離爆撃機であり、高度な防衛システムに侵入することができる。高度三万フィート（約九〇〇〇メートル）まで到達可能。価格は二億ドル。

▼**ネイビーシールズ**　敵地での特殊作戦を専門とする米海軍所属部隊である。海上から攻

撃して海上へ戻ることにより、通常とは異なる戦闘能力を発揮し、ターゲットをリアルタイムで監視する。

▼A−10ウォートホッグ　これはいわゆる近接支援機である。シンプルで無骨。地上一〇〇〇フィート（約三〇〇メートル）の飛行が真骨頂だ。価格は一三〇〇万ドル。

売り込みが武器であるなら、その大半はB−1ランサーかネイビーシールズだろう。B−1的売り込みは超然たるものだ。大げさな身ぶり手ぶり、パワーポイントのいかしたアニメーション機能、それに「戦略的」だとか「パートナーシップ」「アライアンス」「先発者の優位」「特許技術」だとかいう言葉がふんだんに使われる。たいていは財務やコンサルティングのバックグラウンドがあるMBA保持者の専売特許だ。

コンピュータの専門家やプログラマー、エンジニアはネイビーシールズ的売り込みを得意とする。自分たちの技術の微妙なニュアンスを説明し、自分たちにしかわからない頭字語（略語）をたくさん使う。まちがいなく、このタイプの人たちは技術をすみずみまで知り尽くし、それをあますところなく説明したがる。

B−1的売り込みはちょっと高度が高すぎる。なぜなら、聞き手はそのビジネスがどんなことをしているのか、なぜ成功するのかを知りたいからだ。大言壮語は必要ない。ネイビーシールズ的売り込みは逆に高度が低すぎる。細かな点ばかりを重視するからだ。でも、売り込みというのは顕微鏡的精査のことではない。

事業の売り込みはB－1ランサー（三万フィート）にたとえてもネイビーシールズ（ゼロフィート）にたとえてもしっくりこない。正しいのはA－10ウォートホッグ（一〇〇〇フィート）だ。この支援機と同じように、売り込みはべつに見栄えがしなくとも効果さえあればよい。高度はあるがなお戦術的というわけだ。

売り込みは高度一〇〇〇フィートで行おう。そこは空気が薄い雲の上の世界ではなく、かといって地上のように緊張を強いられる環境でもない。約束は守るという証になるだけの詳細情報と、ビジョンを示せるだけの鳥瞰《ちょうかん》情報を提供することだ。

黙ってメモをとり、まとめ、くり返し、フォローアップする

たいていの人は話すのをやめたときのほうが興味をいだかせる。

メアリー・ローリー

私はある新興企業のCEOとCOO（最高執行責任者）がベンチャーキャピタリストへ売り込みにいくのに同行したことがある。数日後、私はそのベンチャーキャピタリストだけと会った。あのときの経営者はどうだったかという話になったとき、彼は「CEOはよくしゃべ

ったけど、COOはずっとメモをとっていた。CEOは何ひとつ書きとめなかった。たぶんあのCOOは優秀だね」とだけ言った。

最初の会議でベンチャーキャピタリストが言っていたことが注目すべき内容だったかどうかは記憶にないが、そんなことは問題ではない。重要なのは、黙ってメモをとると（実際には、話をもっとおもしろくする方法を考えて耳を澄ましているとしても）売り込みの場で評価されるということだ。どんな小さな動きでも大きな印象をもたらすものだ。メモをとるという目に見える行為は、相手に以下のメッセージを伝える。

✪あなたは頭がいい。
✪あなたの話は書きとめる価値がある。
✪私は学びたい。
✪私はまじめだ。

メモをとるとこうしたメリットがあるだけでなく、記録している情報の価値も手にすることができる。万々歳だ。

また会議の終わりには、正しい情報を得たかどうかを確かめるために、自分が聞いた内容をまとめてそれを復唱する。さらに、売り込みのさいにした約束を翌日までにフォローアップすれば（たとえば追加情報を提供したりすれば）、印象はさらによくなる。

一から書き直す

これはなかなかうんと言ってもらえない提言かもしれない。まずはちょっと脇道にそれて、フィリピンのクルマについて話をさせてほしい。輸入税、貿易制限、低人件費のせいで、フィリピンでは新車を購入するよりも手持ちのクルマを修理するほうが魅力的である。したがって多くのクルマが修繕され、他のクルマの部品や手づくりの部品で継ぎはぎされる。たとえばシボレーのエンジンを積んだジープ、というのはよく見る光景だ。

残念ながら、しばらくたつと多くの売り込みがフィリピンのクルマのようになってくる。最初は新型モデルなのだけれど、会議のたびに質問や異論が出るので、それを受けて修正や切り貼りがくり返されるのだ。

これが数週間続くと会議ごとに切り貼りが増えて、しまいには原形をとどめなくなる。ここにいたっては、それぞれのテーマに言及したところで売り込み全体のメッセージはわかりづらい。

私の提言は次のとおりだ。売り込みが一〇回程度を数えたら、プレゼンテーション内容をご破算にする。白紙に戻して、一から書き直す。この「バージョン2.0」はパッチワークではなく、それまでに学んだことがらを全体として反映させよう。

絶えず売り込みを

場数が内容をはぐくむ。売り込みに慣れ親しんだときにこそ、その効果は最も高まるものだ。慣れ親しむのに近道はない。何度もくり返すのみだ。

この境地に達するにはだいたい二五回かかる。すべてを本来の聞き手に対して行う必要はない。相手は共同創業者、従業員、親戚、友人、それに飼い犬でもよい。

実際に売り込みをするときは「臨機応変」なんて考え方は忘れよう。練習がお粗末だと本番もお粗末になってしまう。だから場数をとにかく踏むこと。耳鳴りよりもいやなことがあるとすれば、それは耳鳴りの原因なのだから。

【練習問題】自分が売り込みをしているところを録画せよ。気まずい思いをせずにそれを見ることができたら、もう準備ＯＫだ。

付録2
パワーポイント活用術

ときとして……ナイフはそれを使う者に牙をむくことがある。……ナイフは注意深く使いたい。だれを傷つけようがナイフにとっては関係ないのだから。

――スティーブン・キング

パワーポイントは起業家にとってアーミーナイフである。最初は手段だったものが目的そのものになり、売り込みの効果を台なしにしてしまう。自分の手を切らないうちに、目的達成の手段としてのパワーポイント活用術を参考にされたい。

✔背景は暗めにする　背景が暗いと重々しく内容が濃い印象を与える。背景が白かったり明るかったりすると、安っぽいし素人っぽい。それに、白っぽい無味乾燥なプレゼンテーションを四五分も見ていたら目が疲れる。こう考えればいい。白い背景に黒い文字で書いた映画のクレジットを見たことがあるだろうかと。

✔マスターページにロゴを入れる　どのプレゼンテーションもあなたの組織のブランド認知を高めるチャンスである。だからスライドのマスターページにロゴを挿入しよう。そうすればどのスライドにもロゴが表示される。

✔標準的な書体を使う　プレゼンテーションは世界最大の書体コレクションをひけらかす場ではない。いずれあなたのコンピュータとは異なる書体を搭載したコンピュータでプレゼンテーションする必要が出てくるかもしれないので、よくあるふつうの書体を使おう。それもいわゆる明朝体がよい。皆さんお好みのデリケートな書体より読みやすいからだ。ゴシック体を使えば失敗のしようがない。

✔アニメーション機能は使わない　パワーポイントにはアニメーションの機能が六〇通り以上ついている。これは五九ほど多すぎる。多くの起業家がプレゼンテーションを盛り上げようとしてアニメーションやトランジションの機能を使う。「左下からスライドイン」でプレゼンテーションがよくなると本当にお考えだろうか？　忠告する。手の込んだアニメーションは使わないこと。表現力、感情、意気込みを伝えるのに使うべきは身ぶり手ぶりであって、パワーポイントではない。なんでもカッコよいと思ったら手を出さないのが無難である。

✔箇条書きにする　ほとんどの起業家は箇条書きを使わない。長い文章を書いてそれを読み上げる。これはまちがいである。ポイントのわかりやすい短い表現を箇条書きにしよう。たとえ箇条書きにしても、起業家はそれを一気に披露する。これもまちがいである。順番に、クリック→1番→説明、クリック→2番→説明、クリック→3番→説明と話を進めよう。アニメーションを使うべきはここだけである。その場合、シンプルに出現する「アピール」効果の使用をお薦めする。

✔箇条書きは一階層のみ　箇条書きに箇条書きを重ねるのは、一枚のスライドに情報を詰め込みすぎているか、考えがまとまっていないかのどちらかを意味する。ひとつのスライドで伝えるべきポイントはひとつ。それを箇条書きでサポートする。いずれにせよ、一〇／二〇／三〇ルールのうちの三〇ルールを守っていれば、箇条書きに箇条書きを重ねるのは難しいはずだ。

✔図表やグラフを加える　長い文章より箇条書

きがよいが、箇条書きよりさらによいのが図表やグラフである。図表を使って事業のしくみを説明しよう。グラフを使ってトレンドや計算結果を説明しよう。そして箇条書きのときと同じように、クリックひとつで図表やグラフを登場させよう。

✔印刷可能なスライドにする　図表やグラフは前のものに重ねて表示されることがある。プレゼンテーションのあいだはそれでかまわないが、印刷する場合はそうはいかない。印刷にも耐えられるようにしよう。

FAQ

Q1 どうすれば印象的な売り込みができますか？

A1 問題は売り込みが退屈だということではありません。多くの売り込みはそれ自体を見ると、先発者の優位、特許技術、五〇〇億ドルの市場、意欲と才能に満ちた実績あるチームなどなど、とてもエキサイティングです。

問題はどの売り込みも同じようなことを言ってかわりばえしないことです。印象深い売り込みにしたかったら、本当の痛みをどうやって解決するのかを説得力豊かに語る、短い（スライド一〇枚、二〇分）プレゼンテーションにしましょう。そういう売り込みは一パーセントもありません。

印象に残る売り込みをするためには、聴衆が退屈な会議だらけの長い一日を終えようとしていると想像してみてください。みんな起きているのもやっと。集中力などあろうはずがありません。家に帰りたくてしょうがないのです。こういう状況に出くわすことが実際にけっこうありますから、それを前提に準備してください。

Q2 プレゼンテーション資料を事前に出席者に送っておくべきですか？

A2 いいえ。すぐれたプレゼンテーション資料は情報のほんの一部を載せているにすぎません（大きな文字で！）。ですから、あなたのうっとりするような口頭プレゼンテーションがなければ、相手はそれを理解するのが難しいでしょう。

Q3 会議の最初にプレゼンテーション資料を配るべきですか？

A3 私ならそうはしません。最初に資料を配ると、みんなは先へ先へと行ってしまいます。あなたが話すスピードより彼らが読むスピードのほうが速いからです。でも、資料がないと聞き手はメモがとりにくくなります。代案は最初に資料を配り、先のページを見ないようクギをさすことです。

推薦書籍

- Borden, Richard. *Public Speaking—as Listeners Like It!*
- Piattelli-Palmarini, Massimo. *Inevitable Illusions*

第4章

事業計画作成の奥義

戦闘に備えるにあたってつねに感じたのは、計画は役に立たないが、しかし計画立案は不可欠であるということだ。

ドワイト・D・アイゼンハワー

起業の要諦4

ケルト神話によると、かつて「それを使って飲み食いした者の願いや要求を必ずかなえる」魔法の器があったという。この神話が「聖杯」伝説につながった。現代の聖杯、それは事業計画である。

事業計画もまた万人（投資家、取締役、創業者、経営者）を満足させ、その恩恵にあずかる者に魔法の効果をもたらす。とりわけ、小切手を切りたい、ゴーサインを出したいという抑えられぬ衝動を――。

また聖杯と同じように、事業計画もたいていは成就不能かつ神話的である。ほとんどの専門家は賛成しないだろうが、新興組織にとって事業計画の有効性はかぎられている。なぜなら、起業家の計画の多くは仮説やビジョン、未知の要素に基づいているからだ。

既存企業のなかで起業をめざす場合も、事業計画の有用性がかぎられていることがわかるだろう。社内起業にせよゼロからの起業にせよ、日々のオペレーションには第1章で述べたMAT（マイルストーン、仮説、タスク）が最も役に立つ。

とはいえ、投資家や新入社員をはじめ、経営幹部候補者、内部意思決定者など多くの人が事業計画を要求するので、それなしでは話が前に進まない。また、事業計画の作成には、チームが一丸となって事業の意図を正式にまとめあげるという効果もある。だから事業計画をつくるのはよい。つくるなら上手に。ただし、それが「聖杯」だとは思わないこと。組織が成功するのは事業計画がすぐれているからではない。実行力にたけているからだ。

作成は正しい理由で

皮肉なことだが、たいていの起業家にとって事業計画そのもの（すなわち書類）は資金調達のさいに最も重要性の低い要素のひとつである。

✪投資家の気持ちが前向きな決断に傾いているときは、事業計画はそれを補強するにすぎない。事業計画が前向きな判断を呼び込んだということはたぶんない。

✪投資家の気持ちが後ろ向きな決断に傾いているときは、事業計画で心変わりを促すのは難しい。この場合、投資家はおそらく計画を最後まで読むこともないだろう。

残念ながら、経験の少ない起業家は事業計画だけで相手をかしこまらせることができると考えがちだ。そのあとには次のような依頼が待っている。「資金の送り先を教えてもらえますか？」

しょせん夢だ。事業計画を作成する正しい、そして現実的な理由は次のとおりである。

✪追ってデューデリジェンス（投資対象組織の精査）の段階になれば、投資家は事業計画書を求めてくる。ひとつの手続きである。事業計画が「ファイルされている」ことが必要なのだ。

✪事業計画を作成するためには創業チームが一致協力せざるをえない。うまくいけば、まとまりの強いチームができあがる。だれと働かないほうがよいかさえわかるかもしれない。

✪事業計画を書こうとすると、それまで浮き足立って見逃してきたこと、適当にごまかしてきたことについて考えさせられる。たとえば顧客サービス方針をどうするのか、とか。
✪最後に、事業計画をつくると創業チームに欠落しているものが明らかになる。あたりを見回して、計画の重要な要素を実行できる人がだれもいないと気づいたら、だれかが足らないのだとわかる。

夜遅くに気軽に思い描いた、世界を変えたいという夢。それがいったん紙に落とすと目に見えるもの、みんなで議論できるものになる。文書そのものよりも重要なのは、そこにいたるまでのプロセスである。資金集めをしようとしていない人も、とにかくつくってみるとよい。

計画は売り込みのあと

多くの起業家が事業計画を完全なものにしてから、それをもとにパワーポイントのスライドをつくろうとする。事業計画こそが肝心要《かなめ》であり、売り込みはこの気高い文書のおまけだというわけだ。

これは考え方が逆さまである。すぐれた事業計画は売り込みを詳しくしたものであり、事業計画から抽出したポイントが売り込みなのではない。売り込みがうまくいけば事業計画もうまくいく。その逆は真ではない。正しいプロセスを以下に示す。

✪前章で述べたように一〇枚のスライドから成る売り込みの準備をする。

✪それを相談相手や同僚、親戚、恋人、投資家などに試してみる。これを一〇回ほどくり返す。

✪チームを部屋に集めて、気づいたことを話し合う。

✪売り込み内容を修正する。

✪事業計画の作成を始める。


これがなぜ正しいやり方なのか、その理由は以下のとおりだ。


✪拒絶されるか、さらに関心を持ってもらえるか、それを決めるのは売り込みであり事業計画ではない。海千山千の投資家は最初に事業計画を読もうとはまず考えない。

✪売り込みは事業計画より修正しやすい。内容が少ないからだ。

✪事業計画に対する感想はもらえない。率直にいえば、読んですらもらえないかもしれない。でも売り込みにはすぐ反応が返ってくる。

✪もしかしたら、いっさい事業計画を書かずに資金を出してもらえるかもしれない(とはいえ、プロセスに価値があるので私なら書く)。

エグゼクティブサマリーを重視する

確認のために、投資家向けの売り込みを成功させるために必要な一〇枚のスライドを再掲する。

①タイトル
②問題
③解決策
④ビジネスモデル
⑤製品・サービスの目玉
⑥マーケティング・販売
⑦競合
⑧経営陣
⑨財務予測と重要指標
⑩現状、ここまでの成果、スケジュール、資金の用途

これら一〇項目は事業計画のフレームワークにもなる。事業計画ではタイトルスライドの

かわりにエグゼクティブサマリー（事業計画の概要）がくる。計画のなかでもいちばん重要な部分である。すぐれたエグゼクティブサマリーは、どんな問題をどんなふうに解決するのか、そのためのビジネスモデル、製品・サービスの目玉を簡潔かつ明確に表現する。長さは四段落程度。

エグゼクティブサマリーは事業計画の最重要パートだ。以降を読んでもらえるかどうかがかかっている。万事うまくいけば打ち合わせに呼んでもらえるだろう。だがここで聴衆の関心に火をつけられないと、始まる前から試合に負けたも同然だ。残りの計画は意味をなさない。日の目を見ることがないのだから。

このように、事業計画作成につぎ込む努力のうち八割はエグゼクティブサマリーに割かなければならない。これは組織の存在がかかった最重要箇所なのである。

【練習問題】 最新の事業計画をプリントアウトする。三ページ目以降をうっちゃっても、最初の二ページで全部を読みたくなるか？

読みやすくする

引きの強いエグゼクティブサマリーを書くこと以外にも、事業計画は短くシンプルで印象的なものにすれば、その効果がアップする。

▼長さは二〇ページを超えない　おそらくあなたは、この原則はほかの人の事業計画に当てはまるのであり、自分の右肩上がりの革命的な組織は例外だと考えておられる。それはまちがいだ。計画は短ければ短いほど読んでもらえる。

▼書き手はひとりにする　計画内容にはチームの英知を反映させるべきだが、それを書き表すのはひとりだ。カット&ペーストのつぎはぎになってはならない。

▼ホチキスで綴じる　革表紙に金箔、エンボス加工をほどこした立派な計画書はたしかに目立つ。でも、ものを知らない愚か者扱いされるだけだ。投資家が求めるのはどのみちワード文書かそのPDF版のコピーだろう。

▼財務予測は二ページに簡潔にまとめる　たとえば四年目の一一月に鉛筆代がいくらかかろうが投資家の知ったことではない。あなたにだってそんなこと知りようがない。最も大切なのは最初の五年間のキャッシュフロー予測である。

▼顧客数、事業所数、再販業者数などの重要指標を盛り込む　こうした指標は財務予測以上に、組織の計画に対する理解の助けになることが多い。たとえば、一年後にはフォーチュン五〇〇社の半分を顧客にすると予測してもよい。

▼財務予測のもとになる前提条件を示す　あなたが選んだ売上数値は、事業がそこそこ興味深く、かといって絵空事ではない——そんなイメージを喚起するためのものだというこ

とはみんな承知のうえだ。予測そのものよりも、予測の背後にある前提条件のほうが雄弁かつ重要である。

適正な数字を示す

事業計画をテーブルに広げ、財務予測だけに基づいて出資対象を決める——投資家はそんなことをしない。ベンチャーキャピタリストに提出される事業計画はどれも似たりよったりだ。四年目または五年目の売上高が必ず二五〇〇万～五〇〇〇万ドルになる。エクセルを扱える人ならだれでも導き出せる数字だ。

とはいえ財務予測はやはり投資家にとって必要であり、事業計画になくてはならない部分である。一般的には五年間の予測が求められる。事業の規模を理解し、資本がどれほどいるのかを判断し、そのビジネスモデルに固有の仮説を考慮するためだ。四人の有力ベンチャーキャピタリストは、財務予測に求めるものを以下のように語っている。

ハイディ・ロイゼン（メビウス・ベンチャーキャピタル）

「該当の資金が使われるあいだは毎月、その翌年は四半期ごと、それから利益が出るまでは毎年の数字が見たいですね。空想的にすぎるとは思いますが、その起業家が市場にすっかり入り込み、目標シェアを得るための前提となる仮説と、そこまでにかかるコストを知りたいのです」

マイク・モリッツ（セコイア・キャピタル）

「ものごとが予測どおりになることなどありません。だから起業家の皆さんは財務データを要領よくまとめようなどとしないことです。新興企業対象のベンチャーキャピタルが本当に知りたいのは、その企業がみずから生み出すキャッシュフローで自立できるまでにいくら必要なのかということです。注目すべきはつねに最初の一年半から二年です。その期間を切り抜ければ、あとはずいぶんよくなるはずだからです。私たちが望むのは、損益計算書、バランスシート、キャッシュフロー計算書をそなえた、いくつかの綿密な予測（最初の二年間は四半期ごと、三～五年目は年単位）です」

ゲアリー・シェーファー（モーゲンサーラー・ベンチャーズ）

「五年がふつうです。それ以降は信頼性に欠けるのがふつうですが。立ち上げ間もない組織であれば、三年など短い期間でもかまわないでしょう。おおまかにいえば、投資家というのは企業が『それなりの』収益をあげるまでの予測を求めています。五年以上かかるなら、それもそれ。黒字化までどれくらいのキャッシュが必要なのかを見きわめる参考になるからです。これはおよそのところでもよいから投資家が知りたがる情報です」

スティーブ・ジャーベットソン（ドレーパー・フィッシャー・ジャーベットソン）

「どんな事業計画でも、財務予測は最初は低く見積もられ、三年目に途方もない利益が出るようになっています。こうした予測は割り引いて受け取るのがふつうですが、それでも楽観的データや成長ポテンシャルを知るうえでは役に立ちます。でも予測以上に重要なのは、結論を導くのに使われた仮説、すなわちビジネスモデル、市場規模、価格、チャネル、結果としての粗利益、成長軌道に乗せるまでに必要な資本集約度などです。結局、われわれが投資したいのは世界を変えようとする起業家であり、その点を検討するためには、半ページに記された五年間の財務予測と、そのカギとなる要素をじっくり議論すれば十分なのです」

慎重に計画し、緊急的に行動する

The Innovator's Solution（『イノベーションへの解』翔泳社）の共著者、クレイトン・クリステンセンとマイケル・レイナーは「慎重な戦略策定プロセス」と「緊急的な戦略策定プロセス」のちがいを説明している。前者は「意識的、分析的」で、過去のデータ、技術ロードマップ、競合分析を綿密に利用する。すでに実績のある成熟企業に有効だ。

反対に、緊急的な戦略策定プロセスは、現場の中間管理職や一般社員が経験する日常的現実に左右される。問題やチャンスにすばやく臨機応変に対処できるこの手法は、将来が不透明で適切な戦略策定が難しいときに用いるとよい。新興組織や、成熟企業のなかの新興部門に有効だ。

ここで新興組織の事業計画について、ちょっとずるい極意を紹介しよう。「慎重」な書き方をしながら、「緊急的」に考え行動するのだ。投資家は慎重な計画を求める。自分たちがしていることをわかっている企業に投資したいからだ。「迅速に対応する」みたいな戦略ではたいがい満足してもらえない。

製品・サービスがいつ市場に出るのか、だれがそれをいくらで買うのか、再注文してもらえるのか？ それがわからないのは自他ともに承知ながら、事業計画にそう書くわけにはいかない。そこで未来のことが逐一わかっているような書き方をしつつ、現実に直面したら日和見的に対応するのだ。

心配はない。成功した多くの組織がビジネスモデルを途中で変更しているのだから。つまり、そうした変更を乗り切るだけの資金を温存しなければならないし（だから次章では「自己資本経営」について論じている）、計画の修正をいとわない姿勢も必要になる。

最もやってはいけないのは、慎重な計画をつくったうえで、「計画」だからという理由だけでそれにこだわることだ。結果的に成功すれば、計画どおりでなくてもだれも気にしない。失敗したけれど計画には従った、というほうが情けない。

FAQ

Q1 私の事業計画はほかとそっくりに見えないでしょうか?

A1 これは「ほかとそっくり」の意味によります。ある意味では、あなたの計画はほかとそっくりでなければなりません。つまり本章で述べたような内容を盛り込むということです。それに、変わったレイアウトやデザイン、綴じ方も避けるべきです。表紙に自分の写真を持ってくるなどもってのほか。見出しのフォントは標準的なゴシック体、本文は標準的な明朝体で十分でしょう。

Q2 わかりました。では、どうやって自分の計画を目立たせればよいでしょう?

A2 それには方法が四つあります。まず、信頼できる人に推薦してもらい、読み手の注意を引くこと。第二に、顧客リストを示して、あなたの製品・サービスがどれくらい必要とされているのかを読み手が確かめられるようにすること。すでに使っている顧客がいれば、それに越したことはありません。第三に、市場に関する現実的な知識や市場での体験を計画に反映させること。第四に、図表を使って複雑な点をわかりやすく説明することです。

Q3 計画は自分で書いたほうがよいですか、それともコンサルタントを使ったほうがよいですか？ 財務モデルのところだけコンサルタントに依頼するのはどうでしょう？

A3 財務モデルも含めてすべての事業計画を、あなたが（チームの英知を結集したうえで）書くべきです。すでに述べたように、事業計画作成の最も重要な成果は、創業チームが共通の考え方を持つようになることです。そのプロセスをわずかでも外注するのは誤りです。計画をつくってからコンサルタントに見てもらえばよいでしょう。

Q4 事業計画はどれくらいの頻度で見直せばよいですか？

A4 事業計画の有効性は半年ほどたつと急激に低下します。最初のころは事業計画のおかげでチームの情報共有、新入社員の状況理解、そして資金調達が可能です。しかし二年目以降は、緊急的な計画になっていません。その段階の計画は本当に慎重です。予算と予測に重きを置き、目標（何を）と戦略（いかに）は簡単にまとめているからです。

推薦書籍

- Christensen, Clayton, and Michael E. Raynor. *The Innovator's Solution*（クレイトン・クリステンセン、マイケル・レイナー『イノベーションへの解』翔泳社）
- Nesheim, John. *High Tech Startup*（ジョン・L・ネシャイム『ITビジネス起業バイブル』ハルアンドアーク）
- Trout, Jack. *The Power of Simplicity*（ジャック・トラウト、スチーブ・リブキン『シンプルパワーの経営』リック）

活性化
Activation

第5章

自己資本経営の奥義

弾薬が豊富なら望みを高く持っても大丈夫。

ホーリー・R・エバーハート

起業の要諦5

ガレージ・テクノロジーのマネジングディレクター、ビル・ライヘルトは起業家によくこんなことを言う。ベンチャーキャピタルから出資を得られる確率は、晴れた日にプールの底で雷に打たれる確率に等しいと。それは言いすぎだ。確率はそこまで高くない。

たいていの起業家はごはんに醤油という粗食に耐えながら、事業をどうにか発掘、運営しなければならない。本章では、正しいビジネスモデルを選び、現金を重視し、市場にすぐ参入し、「赤いピル」を飲む（訳注：映画『マトリックス』では、主人公が赤いピルを飲むと「真実の世界」を見ることができる）ことで、資金にめぐまれない創業当初の日々をいかに乗り切るかを伝授する。

ちなみに、他人資本に頼らなくてもすむビジネスなど取るに足らないビジネスだと考える人もいる。つまり、必要資本を低く抑えるようでは、あるいはベンチャーキャピタルからたっぷり資金を調達できないようでは、みずからの可能性を小さく限定してしまうというのだ。それはまちがっている。ヒューレット・パッカード、デル、マイクロソフト、アップル、eBay……いずれも最初は自己資本による独力経営だった。

注意深く計画を立てれば、独力での経営は事業が成長するうえでの通過点にすぎない。一生そうである必要はない。しばらくすれば、ごはんと醤油にも飽きてくるのだから。でもさしあたっては、志は大きく、出足は堅実にいきたい。

利益よりキャッシュフローに注意する

「ザ・ニューヨーカー」が創刊されたばかりのころ、オフィスは狭くて家具も少なかったので、ドロシー・パーカー（訳注：同誌創刊に参加した作家）は近くのコーヒーショップで過ごすのを好んだ。ある日のこと、そこにいるドロシーをハロルド・ロス（訳注：同誌の初代編集長）が見つけた。

「なぜあっちで仕事をしない？」とハロルド。
「だれかが鉛筆を使っていたのよ」とパーカー女史は説明した。

起業家はどんなビジネスでもほとんど独力でやれる。選択の余地がなければなおさらだ。そんなことを言ったら、ビジネススクールでの講演には二度とお呼びがかからないかもしれないが、他人資本に頼らないビジネスモデルとはすなわち、「帳簿上」の利益、成長、市場シェア、ブランドではなく、キャッシュフローを重視することである。

自己資本経営ビジネスモデルは以下の特徴の多くをそなえている。

✪当初の必要資本が少ない。
✪販売サイクルが短い（一カ月未満）。
✪支払期間が短い（一カ月未満）。
✪リピート販売がある。
✪口コミで伝わる。

収益についていえば、キャッシュフロー重視とは、利益にはなるが集金に時間がかかる売り上げ機会は見送るということだ。費用についていえば、何を購入するにも支払いを引き延ばすということだ。

帳簿上は利益が少なく見えるかもしれない。売り上げ機会をいくつか見送ったのが大きい。しかし、紙の上の利益は自己資本経営者にとって二の次の問題である。

こうした条件から想定されるのは、以下の特徴をそなえた製品、サービス、ターゲット市場である。


✪人々はすでにあなたの製品・サービスが必要だとわかっている。あるいは、そのことがすぐ明らかになる。ほら、あなたはこんな問題をかかえていませんか、と潜在顧客を「教育」する必要がない。

✪製品・サービスに「自動的な説得力」がある。つまり人々は、自分たちがかかえる問題と、あなたがそれをどう解決してくれるかを知れば、納得ずくで次の一歩を踏み出し、その製品・サービスを購入する。

✪市場の一大トレンドが障害を取り除いてくれる。インターネットがこの例だった（ただし、どんなトレンドもいずれは勢いがなくなるので、そのときまでに「リアルビジネス」を築いておかなければならない）。

✪すでに広く出回っている製品・サービスに便乗できる。成功ずみの製品・サービスに賭けることでリスクが軽減される。

利益ではなくキャッシュフローに気を配るのは、この先ずっとの話ではない。しかし自己資本経営者としては、現金に余裕ができるまではそれを実践すべきである。

ボトムアップ方式で予測する

気が確かな自己資本経営者であれば、成功するためには市場の何割を押さえたらよいかといったトップダウン式の予測はしない。これはまず大きな数字ありきで、そこから予測売上高を導く方法である。たとえば、中国でインターネットプロバイダーの会社を始めるとしよう。典型的なトップダウン方式は以下のように考える。

①一三億の人がいる。
②一パーセントがインターネットへのアクセスを望んでいる。
③潜在ターゲットの一〇パーセントを押さえよう。
④顧客あたりの売り上げは年二四〇ドル。
⑤一三億人×一パーセント×一〇パーセントの成功率×二四〇ドル／顧客＝三億一二〇〇万ドル。おまけに、これらのパーセンテージはじつに控えめな数字だ！

市場が十分に大きければ、成功を手にするのは難しくないとすぐ勘ちがいしてしまう。たとえば一パーセントといえば、とても小さな、簡単に達成できる市場シェアのように思えるのがつねだ。

自己資本経営者はトップダウン方式を採用しない。彼らにとってトップダウン＝倒産である！　彼らはむしろボトムアップ方式を採用して、次のような現実的な変数からスタートする。

①各販売員は一日に一〇件のセールス電話がかけられる。
②営業日は年に二四〇日ある。
③セールス電話の五パーセントが半年以内に契約に結びつく。
④成約ごとに二四〇ドルの売り上げがある。
⑤販売員は五人雇える。
⑥一〇件／日×二四〇日／年×五パーセントの成功率×二四〇ドル／成約×五人の販売員＝一四万四〇〇〇ドル。これが初年度の売上高。

一日あたりの電話件数、成功率、平均売上高などについては、正確な数字を思うぞんぶん議論すればよい。ここでのポイントはそう、ボトムアップ方式は、市場の総規模に関するコンサルタントの予測のなかでも最も悲観的な市場シェア、それさえをもしのぐ現実的な予測をするということだ。
どの程度のボトムアップ予測をするかで、どの程度の自己資本経営をしなければならないかが決まる。自己資本経営の必要性を最も正確に知りたければ、やることはただひとつ。銀行口座の残高を確認することだ。

まず出荷、それからテスト

バイオテクノロジーや医療機器の会社を興そうとしている人は、ここは無視してくださってよい。それ以外の人はもれなく読み進まれたい。自己資本経営の大きな特徴のひとつは、製品・サービスをすぐに市場へ出すということだ。こう考えよう。出荷、修正、出荷、修正、出荷、修正、出荷……。修正、修正、修正、出荷ではない。もちろん、この考え方には長所と短所がある。

長所

✪すぐに現金が手に入る。
✪実際のフィードバックが得られる。

短所

✪クオリティに難があればイメージが傷つく。

イメージが傷つくと大変なマイナスなので、市場に出すか、完全に仕上げるか、それはつねに緊張を強いられる選択である。この決定をくだすときに考慮すべき問いかけを挙げておこう。


✪現開発段階で、自分たちの製品・サービスは競合にまさっているか？

✪いざというときのダメージを少なくするため、小規模で限定的な地域や市場に製品・サービスを投入できるか？

✪進んで実験台になってくれる物わかりのよい顧客（のグループ）がいるか？

✪自分たちの製品・サービスはおおいに意義を見出している（ビジョンをかなえている）か？

✪それは顧客のニーズをおおいに満たしているか？

✪製品・サービスの現状は顧客に危険や害を及ぼす可能性がないか？

✪「試験管」でのテストはさんざんやったので、いよいよ現実世界の反応を知る必要があるか？

【練習問題】 次の話は本当かうそか？ 初代マッキントッシュ（一九八四年）にはソフトウェア、ハードディスク、スロット、カラーディスプレイ、イーサネットがなかった。

これらの問いかけはチーム内で何時間でも話し合うとよい。結論を出すのは簡単ではないし、「正しい」答えも「まちがった」答えもない。このジレンマに対処するもうひとつの方法は、次のように自問することだ。「現状の製品・サービスを父親や母親に使わせたいか？」。答えがイエスなら出荷しよう。

ほかにもこんな問いかけができる。「資金が尽きそうか？」。へたをしたら死んでしまうというときほど組織が集中できることはない。

「実績ある」チームはあきらめる

経験とはだれもが自分の過ちにつける名前である。

オスカー・ワイルド

自己資本経営をするなら、著名なベテラン業界人たちを雇ってドリームチームをつくるのはあきらめよう。重視するのは費用面だ。つまり、経験はないが可能性の詰まった活力あふれる若者を雇うのである。

最初のうちはベンチャーキャピタルから資金を調達する見込みが減るだろうが、どのみちプールの底で雷を待つのはさほど楽しいものではない。それに左表のように、実績のない人材もそう捨てたものではない。

	経験者	未経験者
給料	高い。なのに、給料に見合う仕事をしてくれるとはかぎらない	安い。そのうえ、少なくとも給料に見合う仕事はしてくれる
特典	秘書、高級ホテル、ファーストクラスでの移動、リムジン、最高級機器	セルフサービス、モーテル、エコノミークラス、相乗り、オークションで購入した機器
活力	申し分なくいまだ活発	申し分なく制御可能
知識	知らないことがあるとは認めないが、なんでも知っていると思われている	何を知らないかを知らないので、なんでもやってみる

このうち最も重要なのは最後の要素だ。無知は幸福というが、それは力を与えてもくれる。一九八〇年代（まだ若かったころ）の私は、新しいオペレーティングシステムの伝道がどれ

ほど大変かを知らなかったので、アップルから仕事を与えられたときはそれに飛びついた。ディズニーランドへ行ってお金をもらえるようなものだと思ったから。懐かしきマッキントッシュの時代だが、いまはそれがどれほど大変かを知っているので、二度とやってみようとは思わない。自分の仕事が「不可能」であることを知らないがゆえに力をもらった私だが、もしそうでなかったらけっしてやろうとは考えなかっただろう。

【練習問題】 インターネットで以下の起業家の経歴を調べてみよ。

- ビル・ゲイツ
- スティーブ・ジョブズ
- マイケル・デル
- ピエール・オミダイア
- ジェリー・ヤング
- デビッド・ファイロ
- ラリー・ページ
- セルゲイ・ブリン
- オプラ・ウィンフリー
- アニータ・ロディック

いずれも「書類上は」大企業をつくるのに「ふさわしい」経歴の持ち主ではなかったことがわかるはずだ。

サービス業としてスタートする

サービス業のメリットはキャッシュフローがすぐに生じることだ。この手の自己資本経営の典型がソフトウェア会社である。おとぎ話は以下のように展開する。

①ニッチ市場にサービスを提供するために、何人かのプログラマーが集合。特定の顧客をカモにコンサルタントとして営業する。請求は時給ベースで、支払いは三〇日以内。

②このサービスを提供するうちに、彼らは顧客向けのソフトウェアツールを開発する。顧客が増えるにつれてツールは性能が強化されていく。やがて彼らは、このツールを使える顧客がたくさんいることに気づく。

③彼らはもらったコンサルティング料を使って、ツールのさらなる開発を進める。この時点でコンサルティング業は十分に成長し、安定した利益の源になっている。

④ツールの開発が完了し、彼らはそれをコンサルティング業とは別に販売しようとする。売り上げは急増。会社はコンサルティングをやめる。「コンサルティングに影響力はない」ので。

⑤会社は上場する、あるいはマイクロソフトに買収される。創業者たちはポルシェやアウディ、メルセデスを買い、それからずっと幸せに暮らしましたとさ。

企業がサービスモデルを採用する、もう少し厳しいお話は以下のように展開する。

①ふたりの男がソフトウェア会社のアイデアを思いつく。オラクルやマイクロソフト、シマンテックを商売あがったりにするために。

②ふたりは製品をつくりはじめる。ベンチャーキャピタルから資金を調達することもあれば、個人投資家から投資を受けることもある。資金にただ困窮するだけかもしれない。

③あろうことか、起業家の予想以上に製品開発に時間がかかる。また、顧客はガレージで創業したふたりから製品を買おうとしない。会社は資金繰りが苦しくなる。

④キャッシュフローを得るため、ふたりはコンサルティングをしなければならないと決心。未完の製品を手に、何かいいビジネスはないかと探し回る。彼らはこの決心を前向きな一歩ととらえる。顧客が真に必要とする製品の開発に役立つからだ。

⑤ところがなんと、顧客はふたりの製品を本当に必要とする。彼らはそれを完成させ、販売しはじめる。売り上げは急増。ふたりはコンサルティングをやめる。「コンサルティングに影響力はない」ので。

⑥会社は上場する、あるいはマイクロソフトに買収される。創業者たちはポルシェやアウディ、メルセデスを買い、それからずっと幸せに暮らしましたとさ。

首尾よくやり遂げさえすれば、どちらのおとぎ話であるかはさほど重要でない。ここでのメッセージは、サービスモデルを採用する（または採用せざるをえない）ことは自己資本経営に役立つコツであるということ。

ただし、この方法をとるときには、サービス業としてのスタートは長期的に正しい戦略とはかぎらない、そう理解しておこう。研究開発に対してお金を払ってもらうのは、製品をベースとする企業にとって一時的な戦略でなくてはならない。

長い目で見れば、サービス事業は製品事業とは根本的に異なる。前者は奴隷のような労働、時間やプロジェクトごとの請求を旨とする。後者は研究開発、出荷、そして何千という品々にコストを吸収させることが基本である。

形式ではなく機能を重視する

お金を使うときは、あなたが必要とする機能をつねに重視しよう。それがどんなかたちをとるかは問題でない。たとえば適切な会計とは、著名な会計事務所を雇い（形式）、そうすれば仕事が終わる（機能）と考えることではない。大切なのは機能であり形式ではない（131pの表を参照）。

起業コストのかなりの部分を占めるのが、各種サービスにかかる費用だ。そこで、そうしたサービスの提供者を見きわめるさいのヒントをお教えしよう。

✪あなたが必要な業務を専門とする会社を選ぶ。たとえばベンチャーキャピタルの財務業務をチェックするためには、安いからといって離婚専門の弁護士であるジョーおじさんに依頼すべきではないし、有名だからというだけでウォールストリートの法律事務所に依頼すべきでもない。

✪惜しみない出費が正しい場合もあると理解する。たとえば投資家は、あなたのような事業に「おきまりの」弁護士や会計士を利用してもらえば安心する。

✪すでに仕事をしてもらっている個人の（「事務所の」だけでなく）紹介者に尋ねる。最も有力な紹介者は成功した起業家である。

✪なんでも交渉する。料金、支払いスケジュール、月次報酬など、現在の世の中で交渉できないものは何もない。景気がよくても遠慮せず交渉を。それはゲームの一部なのだから。たとえば図々しく頼めば、多くの事務所が請求を遅らせてくれるものだ。

✪依頼はしたものの、そのサービスにがまんできなければ、人や事務所を替える。人生は短い。気に入った相手と働こう。

形式ではなく機能を重んじるというこの論法は、新興組織のほぼすべての要素に当てはまる。たとえば、ドットコム狂乱の象徴のひとつにハーマンミラー社のアーロンチェアというのがあった。これは当時、クールであるために欠かせないオフィス設備とされ、ひとつ七〇〇ドルもした。すばらしい椅子だったけれど、七〇〇ドルの価値があったのかどうかは知らない。椅子の機能とはせんじ詰めれば、おしりを支えることなのだから。

	形式	機能
法律	フォーチュン500企業向けに世界中にオフィスあり。スポーツイベントのボックス席保有	あなたの法的責任を理解。資産を保護。取引を促進
会計	「ビッグ6」の一角。かつての顧客は服役中。会議室にクルミ材の壁	コストをコントロール。財務的に安定したオペレーション
PR	アジアの美術史を専攻した見てくれのよい顧客担当者が一〇万ドルのマスコミ向けイベントを企画し、あなたはすぐれたスピーカーだとおべんちゃらを言う	効果的なポジショニングを創出、調整し、マスコミと密接な関係を築く
広告	壁一面のテレビCMや印刷広告の賞。媒体の購入しかしない社員	あなたの顧客を理解し、かゆいところに手が届く。現顧客を介して未来顧客を引きつける
ヘッドハンティング	自家用機を所有する上場企業のCEOをヘッドハントしたことで有名	給料に応じた交渉ができる優秀な社員を雇用

【練習問題】 eBayで中古のアーロンチェアを探してみよ。たくさん見つかれば見つかるほど、起業家たちは機能ではなく形式を重んじたことになる。

闘いの場を選ぶ

「日用品化《コモディティ》」という言葉をささやかれたら、たいていの起業家は背筋がぞっとするだろう。この言葉は、かつて独創的で高い利幅を誇った製品が標準化され、安価でありふれた品物になる過程を意味するようになった。

しかし、自己資本経営の新興組織はコモディティ化大歓迎である。売上原価が下がるからだ。たとえば、カリフォルニア州サニーベールのネットワークセキュリティ機器販売業者ネオテリスは、一万ドルで製品を提供している。部品の原価はわずか二〇〇〇ドルだ。

もしネオテリスが自社製品の部品を設計、製造せざるをえなかったら、コストとリスクはもっと上昇するだろう。自分より大きな企業から既成部品を購入することで、同社はインテルのような業界大手の資源を利用しているわけだ。

自己資本経営者は闘いの場を選ぶ。ネオテリスにとってのそれ、つまりお金を稼ぐ場所はソフトウェアを書くことである。チップやハードディスクを設計、製造することではない。だれでもできることをやってお金を稼ごうとしないことだ。独自の「マジック」を飯のタネにしよう。

✪自分たちならではの「マジック」は何か?

✪顧客がわれわれの製品・サービスを買うのは、その「パーツ」ゆえか、それともそれらを統合してソリューションを生み出すわれわれの手腕ゆえか？

✪どうすれば他の組織の取り組みを利用して、市場にもっとうまく、速く、安く参入できるか？

✪自分たちがこなせるプロセスはどことどこか？　もっと上手にやってくれる他の組織がないか？

直販する

多くの新興組織が多層的な販売システムを実行しようとする。つまり製品・サービスを再販業者に売り、再販業者がそれをエンドユーザーに売るのである。ここで考えられているのは、実績のある再販業者やコンサルタント、販売業者ならメリットを提供してくれるということだ。たとえば販売力やブランド認知だとか、顧客との前々からの関係だとか。

とにかくそういう理屈なのだが、これはたいてい破綻する。大部分の再販業者は需要をつくりたいのではなく、需要を満たしたいからだ。彼らはあなたが市場を築くのを手伝うことになんの関心もない。すでに確立された市場に入り込みたいだけだ。マルクス（ただしグルーチョのほう）ではないが、自分を受け入れてくれる再販業者とはかかわりたくない（訳注：コメディアンのグルーチョ・マルクスが言った「私をメンバーとして受け入れてくれるクラブには入りたくない」のもじり)。

多層的な販売システムについて考えるときに注意すべき問題はほかに三つある。第一に、それはあなたを顧客から隔離する。新しい製品・サービスについて何がよくて何がよくないのか、あなたはできるだけ早く、できるだけナマの声を聞くべきである。第二に、利幅が薄くなるので、たくさん販売しなければならない。だがふつう、新興組織が多くの販売数量を達成するのは難しい。第三に、販売システムを立ち上げるのも、それを通じて顧客に製品を届けるのも時間がかかる。

だから、顧客に直接販売すべし。製品・サービスの欠陥を正し、売り上げが安定するようになったら、みずからの取り組みを加速、拡大、補完するために再販業者を利用すればよい。でも、再販業者があなたの製品・サービスの評価を定着させてくれるだとか、直販したときのように顧客の声を聞かせてくれるだとか考えてはならない。

市場リーダーを基準にポジショニングする

*Bootstrapper's Bible*の著者であるセス・ゴーディンは自己資本経営の有効な手法として、市場リーダーあるいはすでに世間で受け入れられているやり方を基準にしたポジショニングを強く推奨している。製品・サービスを一から築き上げようとするのではなく、競争相手の既存のブランド認知を利用するのである。

たとえば以下のような事例を参考にできる。

✪レクサス「メルセデスやBMW並みのクオリティながら三割安い」
✪サウスウエスト航空「ドライブと変わらぬ安さ」
✪セブンアップ「アンコーラ」
✪エイビス（業界トップのハーツよりも）「一生懸命」

市場リーダーや標準的なビジネス手法を基準にしたポジショニングにより、マーケティングやPR、プロモーション、広告の費用が大幅に削減できる。だから業界における「究極の基準」を選び、あなた自身の製品の重要な差別化ポイントをクローズアップしよう。たとえば、

✪コスト
✪使いやすさ
✪利便性
✪デザイン
✪信頼性

✪スピード／性能
✪選択の幅
✪顧客サービス
✪地理的な位置

ブランドを築くために何百万ドルというお金や長い年月を費やすことで、競争相手はあなたに大変な便宜を図ってくれたのだ。あとはそれを基準にポジショニングするだけである。しかし落とし穴もある。市場リーダーをもとにしたポジショニングを成功させるには三つの条件があるからだ。


✪リーダーは基準になるだけの価値を持ちつづけなければならない。たとえば、ウォールストリートの寵児《ちょうじ》だったころのエンロンを基準に自社をポジショニングしていたら、どうなっていたか。

✪リーダーがぬかりなく行動してあなたの優位性をむしばむ、ということがない。たとえば、自社のコンピュータをIBMより速いと位置づけたあとに、IBMがさっそく超高速モデルを発表して対抗するといった場合。

✪あなたの製品・サービスは競争相手の製品・サービスよりも正真正銘、明らかにまさっている。もしそうでなければ、あなたがどう宣伝しようと歯牙にもかけてもらえない。悪くすれば信頼性を失い、失った信頼性は二度と取り戻せない。

それでも当面のあいだは、これは低予算で自社の事業を説明するのに適した方法といえる。

「赤いピル」を飲む

これが最後のチャンスだ。もう後戻りできない。青いピルを飲むと、不思議の体験はおしまい――ベッドで目が覚め、信じたいものをなんでも信じられる。赤いピルを飲むと、不思議の国にとどまり、「ウサギの穴」がどれほど深いかを思い知ることになる。

『マトリックス』（一九九九年）

映画『マトリックス』で主人公のネオは赤いピルを選択する。世の中の過酷な現実に向き合うことを選んだのだ。もし青いピルを飲んでいたら、マトリックスという仮想空間で心地よく暮らせたかもしれないのに――。

新しい組織のリーダーも同じ選択に直面する。現実か空想か。ネオの場合と同じくシンプルな選択だ。自己資本経営者として成功したければ、赤いピルを飲んで、「わが組織」というウサギの穴がどれほど深いかを究明しなければならない。現実と真剣に向き合っていたければ、以下の一〇の問いかけが何よりも重要である。

①いつ製品・サービスを市場に出す準備ができるか?
②すべてを勘案した本当のオペレーションコストはいくらか?
③いつ資金が尽きるか?
④見込み客のどの程度がクロージングにいたるか?
⑤売掛金のうちどの程度が回収可能か?
⑥競争相手の製品・サービスはあなたの製品・サービスにないどんな特性があるか?
⑦従業員で戦力になっていないのはだれか?
⑧株主価値最大化のためにあらゆる手を尽くしているか?
⑨世界を変え、意義を見出すためにあなたの組織は何をしているか?
⑩組織のリーダーとしてあなたの手腕はどの程度か?

「モーフィアス」役を確保する

どんな薬物も(真実さえも)送達システムを必要とする。『マトリックス』では、それはローレンス・フィッシュバーン演じるモーフィアスだった。あなたの組織のモーフィアスはだれか？　いなければ確保しなければならない。ふつう、それはCFO（最高財務責任者）、COO、あるいは経理責任者である。

✪この「大人」はぶつぶつ文句を言う必要はない。ただ組織の実際のオペレーションに精通していればよい。この人物の役割は「ノーと言う」ことではなく、「現実的」であることだ。

✪したがって、この人物はCEOの「陽」に対する「陰」だ。CEOが「何」を決めるとすれば、この人物は「どうして」「なぜ」を決める。両者の関係は対立ではなく釣り合いである。

✪モーフィアスには一〇年以上の実務経験がないといけない。コンサルタント、監査役、銀行家、ジャーナリスト、アナリストなどの経歴は感心しない。「助言」はやさしいが「実行」は難しいからだ。ある人物の経歴がモーフィアスにふさわしいかどうかを判断するための質問、それは「これまでに人のクビを切ったことがあるか？」である。答えがノーなら、ほかを当たろう。

実際には、モーフィアスはひとりではないかもしれない。局面や任務が異なれば、モーフィアスの役割も変わる可能性がある。

✪その製品・サービスには欠陥があると指摘する研究設計担当モーフィアス
✪そのシステムでは事業対応できないと指摘するオペレーション担当モーフィアス
✪お金を使いすぎ（使わなすぎ）だと指摘する財務担当モーフィアス
✪誤った価値観を教え込んでいると指摘する倫理担当モーフィアス

組織によって必要なモーフィアスの種類は異なるが、いざとなれば赤いピルを送達するモーフィアスがどんな組織にもひとりはいなければならない。

人員を抑えてアウトソースする

CEOならだれもが直面する昔ながらの問題がある。売り上げの機会をみすみす逃すのと、売り上げを多く見積もりすぎて従業員を解雇するのと、どちらがよくないか？　販売機会を逃すと考えただけで私は耳鳴りがする。でも、従業員を解雇するほうがもっとよくない。

ガレージ・テクノロジーはピーク時の社員が五二人いた。何度かのクビ切りをへて、私は頭数を一〇人未満に減らした。もちろん当時、テクノロジー市場は（『トイ・ストーリー』のバズ・ライトイヤーじゃないけれど）「無限の彼方」に達すると当たり前に考えられていたから、スタッフを増やしたのは私たちだけではなかった。それでも私は誤りを犯した。CEOが給料をもらっているのは正しいことをするためで、他人と同じことをするためではない。

人員過剰にはとんでもない問題が複雑にからみ合う。たんに頭数を減らせばよいということではない。以下のような問題に直面せざるをえないからだ。

✪長期契約を結んでしまった余分なスペース
✪余分な家具類やコンピュータ
✪解雇があるという組織内のトラウマ
✪解雇された人に残るトラウマ
✪解雇の一方で（新たな現実に備えて）別のタイプの人材を採用したくなる
✪組織が内部崩壊しているのではないことを世間にわからせようとてんてこ舞いする

人手不足には短期的な解決策がある。できるだけたくさんの機能をアウトソースするのだ。だが研究開発*、マーケティング、販売といった戦略的機能はアウトソースしてはならない。

*なぜソフトウェアのプログラミングをロシアやインドですべきなのかという議論を耳にしたことがある。コードを吐き出すだけのプログラミングならそれもよい戦略なのだろうが、「バージョン1.0」の製品にはお勧めできない。この段階のプログラミングは契約労働というよりもアートである。レオナルド・ダ・ヴィンチが「最後の晩餐」の食卓部分をアウトソースして人間のほうに集中した、という話はもちろんない。もっとも『ダ・ヴィンチ・コード』を読んで以来、彼について何を信じてよいのかもはや確信を持てないのだが。

給与計算であれば、ペイチェックス、ADPなどの組織が代行してくれるのだから自分でやる理由はほとんどない。

私の二の舞いにならぬよう、私の言うとおりにしてほしい。自己資本で経営したければ、人をあえて少なめにすることだ。せっかくの販売機会をふいにする可能性はある。望みどおりの「脱出速度」を達成できないかもしれない。でも、クビ切りや資金不足よりは断然ましである。

取締役会を設置する

取締役会というのは船いっぱいの資金を調達して順風満帆の組織にのみふさわしい、と多くの起業家は考えている。するとそのときまで、これらの組織は取締役会なしですませるか、内部メンバーだけの取締役会で間に合わせなければならない。

この考え方はいくつかの点でまちがっている。第一に、すぐれた指導役はつねに貴重な存在だ。組織がどのステージにいるか、どれだけの資金を調達したかにかかわらず必要とされる。第二に、お金(調達した資金の額)だけが質の高い取締役を引きつける要因ではない。それ以外に重要なのは、製品・サービスの革新性、事業の意義、あなた自身の個性などである。

優秀なチームを召集する要領で、お金をかけずに質の高い取締役会をつくれば、あなたの製品・サービスや「伝道」スキルの確かな証明になる。そのうえ、優秀な取締役会は資金集めの助けになる。お金が優秀な取締役会づくりの助けになるのと同じように。

大きいことにこだわる

起業家がはした金を惜しんで「大局」を損なうと、自己資本経営は失敗する。組織を新しく立ち上げるのは、ドアをのこぎりで切ってデスクをつくるためでもなければ、ハーマンミラーを儲けさせるためでもない。起業家が対処すべき「大きいこと」と「小さいこと」の一般例を以下に掲げる。

小さいこと

- オフィススペース
- 家具・調度
- コンピュータ
- 事務機器
- 事務用品
- 名刺、レターヘッド

大きいこと

✪製品・サービスの開発
✪製品・サービスの販売
✪製品・サービス販売代金の回収

合理的に可能なかぎり、小さいことは安上がりにして、周辺の些事《さじ》にむだ遣いをしないこと。アクセンチュアのコンサルタントだったリック・スクラーリンはこう言っている。「コストコ（ディスカウントストア）までひとっ走りすればかたがつく」。こだわるなら大きいことに。とはいえ、大きいことはそれほどないのだけれど。

【練習問題】次回、「それなしではやっていけない」ものがあったら、一週間待ってみて、それでも生きているかどうか確認せよ。

実行する

スタンフォード大学時代の友人で元サン・マイクロシステムズ社員のジョージ・グリゴリエフは私に言ったものだ。自己資本経営の本当の敵は「支出」ではない、「不作為」であると。成功するために必要なのが自己資本経営だけなら、世界じゅうのあらゆる組織が木製のドアをのこぎりで切ってデスクをつくっているだろう。安く上げたからといって事業がうまくいくとはかぎらない。そこで、以下にジョージと私がお勧めする「実行の奥義」を伝授しよう。

▼目標を設定、伝達する　目標を決めて共有するという単純な行為によって、組織がそれを達成する可能性が高まる。全員が共通の理解を持つようになり、日々の行動指針が明らかになる。これはどんな業務にも当てはまる。仕様の確定、プロトタイプの作成、最初の顧客との契約、出荷、回収、採用、販促資料の仕上げ……きりがない。

▼進捗を測る　目標が意味を持つのは進捗をチェックしたときだけだ。「測定できるものは実現する」という格言もある。これは、正しい目標を選ばないとことを誤る、という意味でもある。新興組織では一カ月ごとに結果を測定、報告したい。経験を重ねて分別が出てくれば、四半期ごとにしてもかまわない。

▼責任者を明確にする　目標達成の責任者を探すのに一〇秒以上かかったら、何かがおかしい。すぐれた人間は責任を負う。進んで責任を負おうとする。組織全体のためにも、責任者がだれかを明確にしよう。自分が評価されている、責任を担っているとわかっている人は、成功したいというモチベーションが強まるものだ。

▼成果を出した者に報いる　新興組織で報いるべきは成果を出した者である。ストックオプション、現金、休暇、人前でほめる、昼食をおごる……方法はなんでもよい。大事なのは成果を出した者に報いることだ。それも成果を出した人間にかぎる。「相乗り」して

いる者は対象外だ。

▼問題が解決するか無関係になるまでやりきる　われわれは最新のもの、はやりのものにかかわりたがる。それは人間のさがだ。いまの製品を修正するよりも次なる画期的製品にかかわりたい、と考えない人間がいるだろうか？　でも、つまらなくなったというだけでものごとを打ち切ってはならない。バグの修正はあなたには退屈かもしれないが、その製品を買ったばかりの顧客にはけっして退屈ではない。

▼「モーフィアス」に注意を払う　現実主義は実行の味方である。だからモーフィアスの発言に注目しよう。企業ではすべての人が何かから目をそむけている。もちろん起業家にとっては目をそむけるべきことがらもある。たとえば、「専門家」が成功不可能と言ってもそれが正しいとはかぎらない。重要なのは、目をそむけることで組織に害が及ぶかどうかである。現実主義に徹すれば、自己資本経営はもっとうまくゆく。

▼実行の文化を築く　実行は一度かぎりのできごとではない。六年生のときの先生に監視されているみたいに、目標を一つひとつクリアしていくプロセスでもない。実行とは全組織的な習慣を生み出す文化である。この文化を築くたったひとつの方法は、CEOが正しいお手本を示すことだ。質問に答え、問題を解決し、成果を出す人材を昇進させる。これはじつに明白なメッセージを発信する。この組織では実行が重要であると——。

FAQ

Q1 自己資本経営もそろそろ限界だというのはどうすればわかりますか？

A1 これは一見理にかなった質問に思えますが、現実の世界で発されることはまずありません。自己資本経営を楽しんでいれば結局、新しい取り組みの資金も得られるものです。それどころか、こんな自問をすることになるでしょう。「もっと資金があったら何をしよう？」

Q2 自己資本経営にこだわりすぎたら、成長も成功もあきらめるハメになりますか？

A2 自己資本経営にこだわりすぎた組織というのを、私はひとつとして挙げることができません。資金不足よりも資金過剰のためにチャンスをふいにする危険のほうが大きいのです。悪くいえばベンチャーキャピタルとはステロイドのようなもの。効果はてきめんですが、あなたをだめにする可能性もあります。

Q3 自己資本で組織を立ち上げることに成功した場合、それでも他人資本を入れなければなりませんか？　昔ながらのやり方ではだめでしょうか？

A3 どちらも「いいえ」です。他人資本は唯一の方法ではない。ひとつの方法にすぎません。ゴールはすぐれた事業を打ち立てること。どう資金を調達しようが問題ではないのです。

Q4 ベンチャーキャピタルから数百万ドル調達できなかったら、まともにとりあってもらえませんか？

A4 それしきのことでとりあってくれないのは小さな人間です。この手の資金がもし調達できたら信頼性の向上に利用すればよいでしょう。でも、それで成功が保証されるわけではありません。こうした資金が調達できなくても気にする必要はありません。すぐれた事業の確立めざして、ひたすら前を向きましょう。

Q5 実行の重要性が強調されていますが、実行しない人がいたらどうすればよいでしょう？　クビを切ればすみますか？

A5 そう簡単ではありません。実行できなかった本当の理由を探ってください。何か手に負えない問題があったのかもしれません。そうした問題を浮き彫りにし、できるかぎり解決を図ります。ひとつの方法は、あなたが取締役会に望むのと同じ「適正手続き」をその人にも適用することです。適正手続きを尽くしたら、迅速かつ決然と「処断」をくだします。

推薦書籍
- Godin, Seth. *The Bootstrapper's Bible*
- Hess, Kenneth L. *Bootstrapping*

第6章

人材採用の奥義

自分とは考え方、能力、判断がまったくちがう人間を採用、信頼、重用することが大切である。また、それはごくまれなことでもある。並外れた謙虚さ、寛容さ、見識を必要とするからだ。

ディー・W・ホック

起業の要諦6

起業家にとって、ほかほかの新組織の従業員採用ほど楽しい仕事はない。世界を変えるための仲間を募るのだから、これにまさる仕事があるだろうか？　しかも新興組織が成功するうえで、すぐれた人材ほど大切な要素はない。

人材確保はまず、トップであるCEOができるかぎり優秀な人材を探すことから始まる。

次に、人種や信条、学歴、職歴といった表面的なことではなく、以下の三つを重視すべきである。

①その人はあなたが必要とすることをできるか？
②その人はあなたが考える事業の意義に賛同しているか？
③その人にはあなたが必要とする強みがあるか？（あなたが避けようとする弱みがない、ではなく）

これに合格すれば採用しよう。ただし上手なやり方で。ありとあらゆる「武器」を駆使し、正しいタイミングで交渉し、みずからの直観を念のために再確認するのである。

いったん雇ったら試用期間を定めて、なんとかなりそうかどうかを双方が検討できるようにする。最後に、ひとつの考え方としてではあるが、従業員を毎日毎日「採用し直す」よう努める。彼らが翌日も出勤したいと思えるように。

「A」プレーヤーを雇う

まず前提とすべきは、リーダーシップの役割はリーダーを生み出すことであり、部下を生み出すことではないということだ。

ラルフ・ネーダー

スティーブ・ジョブズはこんなことを言っている。Aプレーヤーは Bプレーヤーを雇う。Bプレーヤーは Cプレーヤーを雇い、Cプレーヤーは Dプレーヤーを雇うと。Zプレーヤーまではじきである。この「トリクルダウン効果」により、企業には能なし社員が激増するというわけだ。

CEOがしなければならないことがひとつあるとすれば、それは自分より優秀な経営陣を雇うことだ。経営陣がしなければならないことがひとつあるとすれば、それは自分たちより優秀な社員を雇うことだ。そのためには、CEO（と経営陣）にはふたつの資質が要求される。まず、自分たちより上手に役割を果たす人がいると認める謙虚さ。そして、いったんそう認めたら自信をもって該当者を採用する勇気である。

たしかに、Aプレーヤーを雇えというのは驚くべきノウハウでもなんでもない。それでも多くの組織には役立たずの人材があふれている。なぜか。たいていの人はこの原則に目を向けないからであり、役立たずを選別するのはとても難しいからである。以下、強要はできないけれども、おかしな人材を雇わないためのコツを五つ教示しよう。

▼相関関係と因果関係を混同しない　組織が成功したときにそこで働いていたとしても、その人が成功に貢献したとは必ずしもいえない。たまたまお相伴にあずかっただけかもしれない。上げ潮になればどんな船だって浮かぶものだ。ドードー鳥とワシとを見分けるためには、その人がどんなプロジェクトをまとめたのかを知り、その成果を分析することだ。また、その人といっしょに働いた人を探して、彼（彼女）が成功の原因だったのか相乗りしただけなのかを確認しよう。

▼大組織のスキルと新組織のスキルを混同しない　大組織での成功は新興組織での成功を保証するものではない。必要とされるスキルは状況によって異なる。マイクロソフト（ブランドが確立しているほか、かぎりない資源と一〇〇パーセントの市場シェアを持っている）の副社長は、「ガレージでふたりの男が興した」会社には向いていないかもしれない。

▼はっきり期待を表明する　立ち上げ間もない組織での仕事

大組織のスキル	新興組織のスキル
上司にゴマをする	上司になる
帳簿上の利益を生む	キャッシュフローを生む
独占のそしりを回避する	橋頭堡を築く
製品・サービスを進化させる	製品・サービスを創造する
市場調査	出荷
販売チャネルから搾り取る	販売チャネルを築く

は、その人が以前の組織でなじんでいた職場環境とはちがうということをきっぱり口にしよう。「秘書がなくてもやっていけますか、エコノミークラスで移動できますか、安いモーテルに泊まれますか？」と。これはと思う人が怖気づいて逃げ出すケースもあるだろうが、新興組織でやっていけない人を雇ってしまわないためには、それくらいの危険は冒す価値がある。

▼身元照会では察しよく　米国では法律上、就職のチャンスを妨げるような紹介状を書くことはできないから、ベタぼめしていない紹介状を受け取ったら、それはけなしているのと同じことである。不審に思って人事部に問い合わせたら、その人に問題があったことがわかるという具合だ（171p「身元照会術」参照）。

▼最良の「鉱脈」を信じる　すぐれた人材を探し、組織に役立たずを蔓延させないためには、いまいる従業員が最高の情報源である。従業員がよきスタッフを連れてきたいと思わなければ、だれが思うのか？　ふたりの候補者で迷ったとき、そしてどちらか片方を従業員が知っているときは、そちら、つまり従業員が知っている候補者を選べばまずまちがいない。

多くの起業家は気づいていないが、新興組織に必要なAプレーヤーには三種類ある。第一に、成功するためなら週八〇時間労働もいとわない「神風」従業員。第二に、第一のグループの背後でその仕事をインフラに転じる実行部隊。第三に、インフラを喜んで稼動させる運営者。

このように、採用するならCEOや経営陣より優秀なだけでなく、彼らとは異なる人材でなければならない。新興組織に必要なのは、互いに重なり合うのではなく補完し合う多様なスキルを持つ人間だ。たとえばコンピュータが専門のCEOなら、販売スキルがある人を雇うという具合に。

「感染した」人を雇う

優秀で異なる人材――それだけでは不十分だ。あなたの組織が世界を変えられると信じていることも必要である。あなたの熱意に感染しなければならないのだ。新興組織で働くのは容易ではない。給料はほかほど高くないし、福利厚生も手厚くない。いつ資金が尽きるともかぎらない。だから、あなたがしていることへの信頼や共感が能力や経験と同じくらい重要になる。無心論者に信仰を教えるよりも、感化された信者に仕事のしかたを教えるほうが簡単なことが多い。

あなたが掲げる事業の意義をはなから信じている人に賭けてみればよい。つまり、その人はあなたの製品・サービスのユーザーだということである。したがって、顧客そのものが最も豊かな人材供給源である。たとえば、マッキントッシュの愛用者はアップルで社員を採用するさいのよき候補者になった。

信者かどうかはっきりしない場合は、以下の方法でそれを確かめよう。

✪あなたの製品、サービスのデモンストレーションを依頼する（ただし、三流製品を扱っている会社はこれによって志望者を失う危険もある）。製品・サービスを本当に好きな者はそのよさを示すことができる。

✪志望者が報酬や福利厚生、特典について話す時間と、あなたの製品やサービスについて話す時間とを比べる。そうすれば、その人の志望動機がお金のためなのか、意義を見出すためなのかがだいたいわかる。

✪志望者の質問を分析する。それはあなたの組織に関する十分な知識に基づいているか、それとも基本的なことがら（事業内容、対象顧客、競争相手など）を知ろうとしているのか？

無意味な条件は無視する

この世にはAプレーヤーが不足している。だから性別、人種、宗教、性的指向、年齢などに基づいて採用の決定をくだすのはばかげている（違法なのはもちろんだ）。なぜ見方をせばめて遺伝子プールを減らすのか？

そう、あなたのゴールは意義を見出し、世界を変えることだ。多くの人が経験や経歴を重視しすぎる。ジョージ・オーウェルの言葉をもじれば、無視は幸福である（訳注：オーウェルが言ったのは「無知は幸福」）。

完璧で適切な経歴がないことを無視しても割に合う場合があるし、完璧で適切な経歴があることを無視して割に合う場合もある。どちらも結局は意味がない。

▼**成功した大組織での経験**　前にも述べたが、大組織での経験があるからといって新興組織で成功するとはかぎらない。その経験は資金調達に有効かもしれないが、立ち上げたばかりの組織にうわべを飾っている余裕はない。肝心な問いかけはやはり、「その人が成功に寄与したのか、それともお相伴にあずかったのか？」である。

▼**失敗した組織での経験**　成功した大組織での経験の逆である。組織の失敗にはたくさんの原因が考えられる。志望者もそのひとつだったかもしれないし、そうでなかったかもしれない。でも、成功より失敗から学ぶことのほうが多いものだ。ただし、仕事をするたびに失敗をくり返してきた人は避けるべきだろう。

▼**学歴**　頭の切れる人がほしいのはやまやまだが、必ずしも「学位のある」人でなくてもよい。このふたつは同じではない。スティーブ・ジョブズはリード・カレッジを卒業しなかったし、ＡＯＬ創業者のスティーブ・ケースはプナホウ・スクールへ通った*。アッ

プルのマッキントッシュ部門にいたエンジニアの半分はカレッジを卒業していなかった。私はロースクールから落ちこぼれ、スタンフォード・ビジネススクールには入学を拒否された。

▼同じ業界での経験　同業他社での経験は両刃の剣である。業界用語を理解し、人脈があるのは役に立つ。しかし、考え方が凝り固まった人間（「コンピュータのインターフェースとはこういうものです」）は厄介だ。

▼同じ部門や役割の経験　これも両刃の剣である。アップルはかつてタンポンをつくっている会社のエグゼクティブを雇ったことがある。マッキントッシュを消費財として売るためには消費者マーケティングの専門知識が必要だと考えたからだ。でも、彼の経験がコンピュータ業界に活きることはなかった。一方、フォード・モーター・カンパニーは精肉会社、穀物会社、ビール会社経験者の専門知識を活用して初の自動車組み立てラインをつくり上げた。

最後にもうひとつ、やはり無視すべき特徴がある。職務遂行上の弱みである。スティーブ・ジョブズの強みのひとつが思いやりだと言う人はいまい。ビル・ゲイツの強みが美的デ

＊これはハワイ出身者向けの内輪ネタである。私はイオラニ・スクール出身だといえば十分だろう（訳注：スティーブ・ケースも著者のガイ・カワサキもハワイ生まれ。両校は小・中学校および高校に相当する）。

ザインだと言う人もいないだろう。では、そうした弱みがあるので、次なるスティーブ・ジョブズやビル・ゲイツを雇うべきではないのか？　人を雇うにはふたつの考え方がある。

✪これといった弱みがない（がこれといった強みもない）人を探す。
✪（大きな弱みがあっても）際立った強みがある人を探す。

ひとつ目の考え方はまちがっている。だれにだって大きな弱みがあるからだ。これでは、その弱みが何なのかを時間とともに見きわめるだけで終わってしまう。ひとつの分野にひいでるのは、それだけでも難しい。万能の人材を探すなんて無理な話である。

ふたつ目の考え方こそ、とるべき道だ。人数が少なく余剰人員がない時期の組織には、さまざまな際立った強みをそなえた人たちのチームが必要である。ハイパフォーマーには大きな弱みがあるものだ。これといった弱みのない人は凡庸にすぎない。

【練習問題】 あなたの最初の仕事を二、三思い出されたい。本当かうそか？
- 私は一〇〇パーセントの適任者だった。
- 私の雇い主が用いていた基準よりも高い基準を志望者には適用している。

ありとあらゆる策を講じる

これを書いている二〇〇四年の段階では、採用に頭を悩ませるなんてばかげていそうだ。買い手市場もはなはだしいからである。しかし景気の良し悪しにかかわらず、優秀このうえない人材を雇うのは難しい。だから、そのときは万策を尽くさなければならない。万策といっても給与に株式、あとは保険や医療などの福利厚生くらいではないか。たいていの人がそう考えている。しかし、まだまだ使えるインセンティブがある。

▼ビジョン　お金が最も重要な報酬ではない、と考える人は多い。仕事に意義を見出し、世界を変えるためなら、彼らは少ない給料でも喜んで働くだろう。

▼チーム　面接は直属の上司や同僚だけでやるべきではない。他部門に「スーパースター」がいるなら、その人も面接に加わってもらって候補者を「誘惑」しよう。

▼取締役、顧問、投資家　こうした人たちに会わせるのも効果的だ。彼らはたいてい有名で金持ちだ。候補者はその影響でうんと言うかもしれない。だから、上位候補者の面接には彼らに時間を割いてもらおう。

▼履歴書への貢献　率直に言おう。生涯ずっとひとつの組織で働く人などほとんどいない。優秀な人に二～三年勤務してもらい、なおかつ彼らの履歴書にハクがつくなら、それでよいではないか。さらに、ひょっとしたら思ったより長く勤めてもらえるかもしれない。

一度この人と決めたら、遠慮なくあらゆる策を講じて採用を勝ちとろう。

すべての意思決定者に売り込む

就職活動で意思決定するのは志望者本人だけだ、と大部分の人が考える。もう少し見識ある人なら、配偶者もこれに加えるだろう。しかし、職を決めるというのはもっと複雑な行為だ。とりわけ新興組織の場合は。

意思決定者には子ども、親、友人なども数えられる。ある志望者ができたばかりの組織に勤めるべきかどうかを親に尋ねているというシーンは想像に難くない。すると親はこう言うのだ。「やめておきなさい。リスクが高すぎる。長続きするカタい会社にしなさい。アーサー・アンダーセンだとかエンロンだとか」

だから、重要な意思決定者がだれかをもらさず尋ね、その人たちの関心事にも応えられるように協力しよう。ただし、〈これは引っかけ問題ではないか〉と怪しむ人がいるかもしれないので要注意。〈親も意見を言うと認めたら、親離れできない腰抜けだと思われて採用されないのでは?〉。大丈夫、まじめな質問なのだ、と安心してもらう必要がある。

雇う側、雇われる側双方にとって「ぴったり」を確保するためには、すべての意思決定者を把握するようにしなければならない。それがわかったら、彼らにも売り込みをかけよう。

確約を早まらない

多くの企業が内定通知を早く出しすぎる。気に入ったという姿勢を示してさっさと決着をつけるため、企業はそれを正式な契約書の「身代わり（strawman）」に使う。*これは大きなまちがいだ。

内定通知は採用プロセスの最後に出さなければならない。それは相手にイエスと言わせるための交渉ツールではない。口約束を確認するための手段、ただそれだけである。結婚の申し込みと同じだ。答えがイエスだとわかってから実行しなければ。

うそを見抜く

キンドレッド・パートナーズでヘッドハンターを務めるエイミー・ヴェルネッティは、ガレージ・テクノロジー時代に次ページのリストをつくり上げた。題して「就職志望者がよくつく一〇のウソ」。これを参考に、誤った採用をしないようにしよう。

＊「StrawManにはふたつの特性がある。打ち負かしやすいこと、それから本物には似ても似つかないこと」
http://c2.com/cgi/wiki?StrawMan

うそ	真実
「ほかにも内定を三つもらっていますので、決定はどうかお早めに」	ほかにも面接を三つ受けて、むげに断られたケースはまだありません
「マイクロソフトとの戦略的提携を担当していました」	ビル・ゲイツがサインした文書をファクスで受け取りました
「いまの会社にはたった数カ月いただけです。CEOが話したような会社ではなかったからです」	デューデリジェンスのやり方がわかりません
「すぐに退屈するので、ひとつの会社に一年以上いたことがありません」	一年たつと無能であることがばれます
「以前の会社では上司と呼べる人がいませんでした」	どの部署にも入れてもらえませんでした
「身元照会者のほとんどは友人です。私のことをいちばんよくわかっているからです」	これまで勤めたどの会社も身元照会者になってくれません
「私が勤めた三つの会社をご存じないのは、三社とも『ステルスモード』で活動していたからです」	どの会社も内部破綻してしまいました
「会社をやめても、そこの人たちとはよい関係が続いています」	解雇手当をもらう条件として、会社を誹謗中傷しない旨の契約を結ばされました
「副社長ですが、部下はいません」	うちの会社ではどんな能なしでも副社長になれます
「少なくとも前の報酬の倍はもらいたい」	前はもらいすぎていたので、いい仕事を得るためには報酬が減ってもしかたありません

直観をダブルチェックする

よい人を雇うには直観を信じよ、とはよく言われることだ。採用活動では次のふたつの状況に陥りがちである。

✪たいした学歴、経歴の持ち主ではないので、ほかのみんなは採用に反対だ。あなたの理性はこう言う。〈やめておけ。やつは経験不足だ〉。でも直観はこう言う。〈採れ〉

✪書類上は申し分ない（学歴、職歴など）ので、ほかのみんなは採用したいと考えている。でも、あなたの直観は〈見送れ〉と言う。

どちらも直観を信じたくなる状況だが、残念ながら直観というのはまちがっていることが多い。たとえば志望者が気に入ったので、面接での質問や身元照会が甘くなる。また、直観が正しかったときのことは覚えていても、直観がまちがっていたときのことは都合よくすっかり忘れてしまう。直観による過度な影響を避けるためには以下の手順に従おう。

▼**前もって面接の組み立てを考えておく**　募集するポジションに必要な心構え、知識、性格、経験を面接前にきちんと決めておく。

▼**仕事に関する具体的な質問をする**　たとえばマーケティング担当副社長であれば、以下

の質問をする。

●製品紹介をどのように行ったか?
●新製品の特徴をどのように決めたか?
●技術部門をどう説得して、その特徴を実現させたか?
●PR会社をどのように選んだか?
●広告会社をどのように選んだか?
●欠陥製品などの難局にどう対処したか?

▼台本にこだわる　その場での関連質問や新しい質問は最小限にする。融通がきかないとかよそよそしいとかの印象を相手に与えたくないなら、「起業に関する本(本書のことだ)のテクニックを使っています。いつもはこんなふうではありません」と説明すればよい。

▼どんなふうにも答えられる感覚的な質問をしすぎない　たとえば、そこそこの志望者なら、「なぜこの組織で働きたいのか?」といった質問ははったりでかわすことができる。「最も誇れる成果は何か?」「最も満足な学習体験はどんなものだったか?」というように、もっと的をしぼった質問のほうがよい。

▼メモをたくさんとる　それぞれの候補者が言ったことを正確に覚えておくにはメモをと

る必要がある。記憶に頼ってはならない。記憶というのは、あなたの主観的な反応によって時間とともにゆがめられるからだ。

▼早めに身元を照会する　たいていの組織は雇おうと決めた人間の身元を照会する。これはいわば自己充足的予言に向けたお膳立てのようなものだ。あなたは自分の決定を裏づけるコメントを聞こうとしているにすぎない。大きなまちがいである。身元照会はその人物を雇ってもよいかどうかを決めるための手段にしなければならない。すでに行った選択の確認に使うべきではない。

このプロセスのあと、直観が言うことと「事実」が言うことがちがったら、以下を自問しよう。


✪（適任だから）その人を気に入るべきなのに、気に入らないのか？

✪（適任ではないから）その人を気に入るべきではないのに、気に入ったのか？

✪自分の直観には事実に基づく客観的な根拠があるか？

✪電話面接だったら結果はちがっていたか？（外見が決定に影響を与えないとはいえないから）

こうした予防措置をすっかり講じたうえで、直観に従おう。私はこれまで直観にまかせてけっこう助かってきた（たしかに私の記憶は選り好みをするけれども）。「事実だけ」を頼りにせよと言ったところで偽善者になる。なぜならアップルが私――心理学の学位を持つ元宝石の営業マン――を雇って、同社の歴史上最も重要な製品のエバンジェリストをまかせたくらいだから。

履歴書のうえでは、私はマッキントッシュをソフトウェア開発業者に伝道する適任者とはとうてい言いがたかった。だれかの本能が私という人間にプラスに反応した（少なくともあまりマイナスには反応しなかった）らしい。それともスティーブ・ジョブズがその日、オフィスにいなかったかだ。

「スタンフォード・ショッピングセンター・テスト」をする

直観の二重確認がすんだら、もうひとつやるべきテストがある。「スタンフォード・ショッピングセンター・テスト」という。このショッピングモールはパロアルトにあり、メンロパーク、ポートラバレー、ウッドサイドに近い。起業家やベンチャーキャピタリスト、投資銀行が多い地域だ。そこで買い物をすると必ずハイテク事業関係者に会う。

数年前、私はこのモールでマッキントッシュのソフトウェア開発を手がけている男を見かけた。彼のほうはまだ私に気づいていない。私は彼と話すはめになるのを避けるため、とっさに方向転換した。どうにもうんざりの男だったからだ。この経験から思いついたのがスタンフォード・ショッピングセンター・テストである。

要領はこうだ。あなたがどこかのショッピングセンターにいるとしよう。そこでひとりの採用候補者（あるいは従業員、パートナー、サービス業者など）を見かける。向こうはこちらに気づいていない。このとき、あなたには三つの選択肢がある。

①駆け寄って挨拶する。
②出くわしたらしかたないと考える。出くわさなかったら、それもそれでかまわない。
③クルマに戻って別のショッピングセンターへ行く。

直観やその二重チェックの結果がどうあれ、駆け寄って話をしたい人だけを雇うべきである。②や③を選びたくなる人なら雇うべきではない。人生は短い。生まれつき気に入らない人間と仕事をしているひまはない。立ち上げ間もない小さな組織ではなおさらだ（ちなみに、すでに雇っている人について②か③を選んだ場合は、関係を改善するかその人を追い出すかである）。

一次評価期間を設ける

いかに力を尽くそうとも、あなたの採用プロセス（または直観）はまちがうことがある。すると、新しく採用した人は期待どおりの働きをしてくれない。私の場合、最も難しいのはこの誤りを認めて正すことである。

しかし、そばにいてほしくない人を解雇する以上に難しいことがあるとすれば、それはずっといてもらいたい人のクビを切ることだ。軌道修正をせず、役に立たない人のクビも切らないでいれば、必要な人間を解雇せざるをえない確率が高まるのはまちがいない。

これを組織にとっても従業員にとっても（従業員側もまちがった組織で働くのはやめたほうがよい）納得できるかたちにしたければ、一次評価期間（試用期間）を設けて目標をひとつずつクリアしていくことだ。パフォーマンス目標は具体的であればあるほどよい。たとえば販売員の目標は次のようになるかもしれない。

✪製品研修の完了
✪販売研修の完了
✪五つの訪問販売への参加

試用期間は採用後の余韻が冷めるだけの長さが必要だが、〈なんでこんなのを雇ったんだ？〉

という気持ちになるだけの時間よりは短くなければならない。

要は九〇日程度。

九〇日たったら、何がよくて何がだめか、パフォーマンスをどう改善するかを両者で話し合う——そのことを互いに了解しておこう。問題によってはあなたに非がある場合もあるのだから！

これでおしまいと思わない

二〇〇〇年にガレージ・テクノロジーは一流企業の著名な投資銀行家をリクルートした。口説くこと数週間。そのときの雇用主が当人の報酬を上乗せしたものだから、こちらのオファーに対して逆オファーがなされるということを二回もくり返した。

そうこうして私たちはようやく彼を手に入れた。準備万端。彼は家族を連れてうちの社のバーベキューパーティーにも参加した。数週間後に勤務がスタート。彼は何日間か出勤した。でもその後、二～三日病欠すると電話をしてきた。ある晩遅く、彼からEメールが届く。辞職の申し出だった。

彼はガレージを辞めて、かつての投資銀行のクライアント企業に勤務した。それから数カ月後、彼はもともと勤めていた会社に復帰した。私がこの経験から学んだのは三つ。

✪もっとよく彼のことを調べるべきだった。ひょっとしたら新興組織には不向きだとわかったかもしれない。

✪「大企業病」に要注意。つまり、いったん儲けの多い一流大企業に勤めた人は、よほどのことがないかぎり自己資本に頼る新興企業には適さないということだ。

✪これでおしまいと思ってはならない。採用活動は候補者が条件を受け入れたときに終わるものではない。その人が元の勤務先を辞めたときに終わるものでもない。候補者があなたの組織で働きはじめてからでさえ、それは終わらない。

そう、採用活動に終わりはない。毎日が新興組織と従業員との新たな契約なのである。

付録3 身元照会術

これからすることで名声を得ることはできない。

——ヘンリー・フォード

身元照会はすぐれた人材を集めるうえで欠かせない要素である。しかし、新興組織はこれを通り一遍、行き当たりばったりの方法でやりがちだ。そう、採用決定のあと《ヽヽ》に照会するのである。キンドレッド・パートナーズのヘッドハンター、エイミー・ヴェルネッティの好意により、業績改善のための身元照会法を簡単に指南しておこう。

照会のねらいは候補者のあら探しをすることではない。本人が言うとおりの人となりであるかを見きわめることだ。また、その人があなたの組織で能力を発揮できそうかどうかを探る目的もある。

候補者の全体像をしっかりつかむには、少なくともふたりの部下、ふたりの同僚、ふたりの上司、ふたりの顧客と話さなければならない。投資家や取締役に尋ねるのもおもしろい。

こんな質問が考えられる。

✔この人をどうして知っているのですか？　知ってどのくらいになりますか？

✔全般的な印象はどうですか？

✔同じようなポジションのほかの人と比べてどうですか？

✔組織にどんな貢献をしましたか？

✔組織のほかのメンバーからどう見られていますか？

✔どんなスキルがありますか？　何が得意／不

得意ですか?

✔どんなコミュニケーションスタイル、マネジメントスタイルですか?

✔改善が必要なのはどんなところですか?

✔小さな組織で力を発揮できますか?

✔職業倫理はどうでしょう?

✔もう一度、上司/同僚/部下として働きたいですか?

✔ほかに話を聞くべき人がいますか?

そのほか、候補者本人が挙げなかった人にも飛び込みで話を聞くのがよい。また聞きでかまわないから、社内のだれかに当たって候補者のことを調べよう。あるいは会社に電話をかけ、その人と仕事をしたことがある人につないでほしいと交換手に頼む手もある。

FAQ

Q1 面接のときには自分たちの組織の強みだけでなく弱みも正直に話すべきですか?

A1 はっきりさせましょう。その人を雇ったら結局は最悪の組織だということがばれるとわかったうえで、うそをつくべきかどうかということですね?

迷わずありのままを話してください。へたな期待をさせないことです。あなたの率直さには三種類の反応があるでしょう。たんに問題の説明を求める人。この場合は問題を順に説明してあげましょう。たぶん彼らは自分たちがどんな問題にかかわることになるのかを知りたいだけですから、正直に話しても恐れをなして退散することはありません。

問題があることを喜ぶ人もいます。この人たちにとって問題はチャンスです。この手の人には次のように言ってはどうでしょう。「私たちを救えるのはあなただ。英雄をめざさないか?」

三番目のタイプは恐れをなして逃げ出すでしょう。新興組織には不向きだったというだけ。それでよかったのです。

Q2 従業員が二~三人だけだと印象が悪いでしょうか? 数を稼ぐためには三人のフルタ

イムスタッフより六人のパートタイムスタッフがいたほうがよいですか?

A2 大きく見せるために六人のパートタイムスタッフを雇うなんて頭がどうかしています。ほかの理由——たとえば優秀な人材をとるために勤務時間を柔軟にする——であればかまいません。でも、こんなばかげた理由でやってはいけません。

Q3 COO、CIO(最高情報責任者)などの経営幹部(いわゆるCXO)を採用するタイミングは資金調達の前後どちらがよいでしょうか?

A3 組織の立ち上げはAの次にB、次にCという具合に順序だったものだと思われがちですが、ことはそう簡単ではありません。組織の立ち上げは同時並行のプロセスです。A、B、Cをいっしょにやるのです。ご質問に対する回答は、資金調達の前後および最中に採用する、となります。

ただし、次のようなわなに陥らないようご注意ください。ある投資家が「世界クラスのCXOがいれば投資しようと言います。あなたはこれをイエスととらえ、該当者を採用し、投資家に再度連絡します。すると別の理屈が出てきます。「けっこう。では実際に製品を買うお客さんがいることを示してください」。教訓はこうです。投資家を満足させるために採用してはならない。人の採用はすぐれた組織をつくるためである。

Q4 専門業者に頼んで人材を探すべきですか、それともよい人材を引きつける自分の能力を信じるべきですか？

A4 資金調達の前にやるべき仕事は、みずからの人脈を駆使して、お金を払わずに適任者を見つけようという熱意を発揮することです。資金調達後は、プロに頼むなり、必要なことはなんでもやってください。

Q5 訊かれたら給与の幅を教えるべきですか？

A5 いいえ。直接尋ねられたら、次のように答えましょう。「すぐれた人をとるのに必要な額を支払います」。それから「いまの給料はいかほどですか？」と訊きます。これで厄介な質問をしたらどうなるか、彼らも思い知るでしょう。

最初の面接で数字にふれるのは早すぎます。志望者はあなたが言ったこと、とくに高いほうの金額を忘れません。そしてそれがいくらであっても、あなたの言った金額は面接での彼らの回答に影響を与えます。

Q6 「自分より有能な人」を採用するのが目標だとすれば、私はどうやって実権を保ち、自分の会社から追い出されないようにすればよいのでしょう？

A6 この質問はあなたが意図する以上に、あなたという人間をよく物語っています。めざすべきゴールは「実権の保持」や「追い出されないこと」ではありません。すぐれた組織をつくることです。いつか追い出されるべきときがくるかもしれません。でもよく考えてください。倒産はしたけれど最後まであなたが実権を握っていた、そんな組織のほうがよいでしょうか？

Q7 無二の親友と仕事をしています。それでも法的な契約がいりますか？

A7 もちろんです。時代は変わり、人は変わり、組織は変わります。困難で不適切に思えるかもしれませんが、これはやらなければならないことです。そうした法的契約が結局は、ふたりの友情と組織にとっていちばんの効力を発揮するやもしれません。

Q8 取締役を引きつける報酬はどの程度が妥当ですか？

A8 総出資額の〇・二五〜〇・五パーセントが相場ですが、完全無欠のスーパースターであれば、私なら一〜二パーセントははずむでしょう。これ以上を要求する人は見送るべきです。意義を見出すことよりお金儲けに関心があるようですから。

Q9 事業の発案者であり、あなたを信頼して共同経営者に迎え入れてくれたパートナー。でも、その能力不足がいまや明らかです。そんな人物を解雇しなければならないとしたら、どうしますか？

A 9　その人をこっそり呼んで事情を説明します。もっと小さな役割に就いてもらうための選択肢をいくつか提示しますが、そうした異動が必要なことははっきりさせます。小さな役割というのは、別のポジションに移ってもらうことかもしれませんし、ただの取締役や相談役になってもらうことかもしれません。その人の尊厳を保つようにします。けんかになるケースがほとんどです。覚悟はしておきましょう。仲直りには何年もかかるかもしれませんが、しかたありません。

推薦書籍

- Lewis, Michael. *Moneyball*（マイケル・ルイス『マネー・ボール』ランダムハウス講談社文庫）
- Myers, David G. *Intuition*

第7章

資金調達の奥義

この前のある講演で、聴衆がみんな同じようなことばかり質問するんだ。「どうやってベンチャーキャピタリストと接触すればよいですか?」とか「彼らにはどのくらいの株式を渡すべきですか?」とか。事業の立ち上げ方を訊いた人はひとりもいなかったよ!

アーサー・ロック

起業の要諦7

本章では外部投資家からいかに資金を調達するかを説明する。この場合の投資家とはベンチャーキャピタリストかもしれないし、経営者、財団、政府機関、あるいは「三つのF」――友人（friends）、カモ（fools）、家族（family）――のどれかかもしれない。

私はシリコンバレーのベンチャーキャピタル業界に身を置いている。そこから投資を得ようとする人などいないかもしれない、そんな業界である。だが、もしシリコンバレーのベンチャーキャピタリストから資金を調達できたら、どこからでも資金調達ができるはずだ。フランク・シナトラも歌っている。「そこでうまくいけば、どこでだってやれるさ」

第3章で述べた熟練の売り込み術は必要条件だが、それで十分なわけではない。売り込みは資金調達の一部である。もっと重要なのは自分の組織が置かれた現実である。すなわち、有意義で長続きする事業、社会にとって価値のある事業をしているかということだ。

事業を立ち上げる

資金調達について信じるに足る人物がいるとすれば、それはアーサー・ロックだ。彼はインテルの創業にかかわって会長を務めたほか、フェアチャイルドセミコンダクター、テレダイン、アップルなどの会社をバックアップした。多くの、本当に多くのベンチャーキャピタリストはただ幸運なだけである。クライナー・パーキンス・コーフィールド&バイヤーズの伝説的ベンチャーキャピタリスト、ユージーン・クライナーの言葉をもじれば、「竜巻が起こればドードー鳥の投資も空を飛ぶ」（訳注：クライナーが言ったのは「竜巻が起これば七面鳥も空を飛ぶ」）。

アーサー・ロックは幸運というだけでは片づけられない。彼のメッセージはこうだ。〈投資を受けたければ、きみが事業を立ち上げることを示したまえ〉。意義を見出すこと。世の中を変えること。お金のためではなく。世界をよりよい場所にしたいから事業をする。これはコンピュータおたく系の新興企業にも、ローテク企業やノーテク企業、非営利組織にも当てはまる。

もし事業の立ち上げに成功したら、投資家たちがわれさきにと出資してくれるか、彼らの資金など必要なくなるかのどちらかだ。どちらもうれしい悲鳴である。その一方、資金調達のために妙な行為をすれば、事業の立ち上げはならず、ねらった資金もどのみち獲得できないだろう。

論理的でもっともな質問は、「どうすれば資本なしで事業を立ち上げられるか?」。これは第5章「自己資本経営の奥義」で説明ずみだが、結論をひとことで言えばこうだ。なんとかなる。ベンチャーキャピタリストのハント・グリーンも述べている。「何ごとも最初は不可能である。起業家とはまさにそういうものだ。人が不可能だと言ったことをやるのだ」

口をきいてもらう

献本ありがとうございます。すぐに読ませていただきます。

モーゼス・ハダス

出版、映画、音楽、ベンチャーキャピタルの世界では、次のような夢みたいな筋書きがある。ある組織に原稿、脚本、楽曲または事業計画書を提出する。ほかにも提出した人は山ほどいるのに、あなたのは出色のできばえなので、ぜひ打ち合わせを持ちたいと声がかかる。一回の打ち合わせでもう契約が成立する。

しょせん夢だ。

誓って言うが、次こそが本当の物語である。ある新興組織は一流のベンチャーキャピタル企業から投資を受けるのをあきらめていた。脈がないと感じたからだ。私はそのベンチャーキャピタルのパートナーに、なぜだめだったのかと尋ねてみた。いわく、彼の同僚がヨーロッパで同じ事業をしている会社を知っていたからだと。また、その会社は「ヨーロッパで一〇〇パーセントの市場シェアを達成し、米国進出も間近」とのことだった。だから、いまさら参入しても手遅れだと思われた。

それはなんという会社かと、私はその同僚に尋ねてみた。わからないとの答え。友人から聞いたのだという。その友人に連絡をとったが、やはりわからないという。どうやら別の友人からその会社のこと、そして同社が東欧の小さな垂直市場で九八パーセントのシェアを誇ることを耳にしたらしい（何が全ヨーロッパだ！）。

確認しよう。ある友人が別の友人に話し、その友人が同僚に話し、同僚がパートナーに

「わざわざあそこに目をつけなくてよい」と話したのである。この物語からわかるように、意思決定者の目をこちらに向けさせるためには、信頼できる第三者に口をきいてもらう必要がある。大事なのは機会均等な提出プロセスではない。投資家がこれならと思う人に紹介してもらい、自分のほうへ機会をたぐり寄せることだ。

▼現在の投資家　すでにあなたが投資を受けている場合、その投資家が提供できる最も価値あるサービスのひとつは、さらなる投資家探しの手伝いである。これは当たり前のことなので、遠慮なく助けを請おう。ほかの投資家の薦めなら、たいていの投資家が少なくとも耳を貸してくれる。

▼弁護士・会計士　弁護士事務所や会計事務所、PR会社を選ぶときは、その能力だけでなく人脈にも注目しよう。資金の出し手を紹介してくれそうか訊いてみればよい。仕事ができるところは少なくない。それなら仕事もできれば口もきいてくれる、そんなところを探そう。

▼ほかの起業家　起業家がその投資家に電話かEメールで「なかなかいかした会社だから話を聞いてみたら」と言ってくれれば心強い。投資家のウェブサイトで、どんな会社に投資しているのかを当たってみよう。どこかに知り合いがいるかもしれない。いなければ、知り合いになるまでだ。投資家自身よりもそうした会社の幹部のほうがたぶん話が

つながりやすい。非営利組織を立ち上げようとしている場合は、意中の財団や基金がどこに出資しているかに注目すればよい。

▼大学教授 投資家は大学の先生の言葉に弱い。たとえばシリコンバレーでは、スタンフォード大学の技術系教授からの電話かEメールひとつで、ベンチャーキャピタリストというベンチャーキャピタリストが気をつけをする。あなたは優秀な学生でしたよね！

もしこういう人たちを知らなかったら？　あなたの世間はひどい。資金調達は機会均等な活動ではないのだから、そんな世間を脱け出して人脈をつくることだ（242p「人脈づくり術」参照）。

「トラクション」を示す

一般に投資家は、投資の対象となるチーム、技術、販売の実績を重視する。投資家によってこれらの優先順位はさまざまだが、いっさいの誇張を要さぬ客観的な要素は、売り上げが実際にあがっていることだ（シリコンバレーではこれを「トラクション」と呼ぶ。車のタイヤが路面をしっかりつかんで進むという意味）。

トラクションが肝心要である。それは人々が喜んで財布からお金を出し、あなたのポケットに入れているという証だから。そこが重要なのだ。それが証明できれば、チームや技術の実証性など問題ではない。

トラクションは業態によっていろいろなかたちをとる。製品やサービスがある企業の場合、その定義は単純明快――そう、収益である。その他の場合は必ずしも収益とはかぎらない（下表参照）。

すると、質問をふたつしたくなるのが道理である。

✪会社を始めるお金がなかったら、どうトラクションを示せばよいのか？

✪製品・サービスが未完成の場合はどうか？

ひとつ目の質問に対する答えは、「簡単に考えるな！」。第5章（「自己資本経営の奥義」）を復習して、見込み客とコンサルティング契約を結び、やるべきことをやりなさい。

ふたつ目の質問に対する答えはもっと複雑だ。「マズローの欲求階層」にならうことを許していただけるなら、「トラクションの階層」とでもいうものがある。序列は以下のとおり。

①売り上げ（製品がない組織やサービス主体の組織に関しては前述の変

学校	生徒数、テストの成績
教会	礼拝の出席者数
美術館	来館者数
ボランティア組織	寄付金の額、ボランティア時間数

数）

②実地テスト、パイロットサイト

③事前の実地テスト、パイロットサイトまたは使用の契約

④実地テストのための客先開拓

階層が上になればなるほどよい。だが少なくとも実地テストのつてがないと、資金調達には苦労するだろう。

「きれいな体」にする

「根拠なき熱狂」（訳注：FRBのグリーンスパン議長が一九九六年に米国のハイテクバブルを評した言葉）の時代でもないかぎり、ほとんどの投資家は取引をしない理由を探している。統計的にいえば彼らは正しい。ほとんどの取引は実を結ばないからだ。投資家の取引フローをじょうごだと考えてみよう。二〇〇〇の事業計画書がじょうごのてっぺんから入る。二〇〇はそれなりに信用できる。一〇〇はかなりおもしろく読める。四〇がデューデリジェンスを受ける。一〇が出資を受ける。ひとつが札束を生み出す。

使いものにならない案件を投資家はできるだけ早く排除したい。時間をむだにしたくないからだ。そして、案件に明らかな欠陥があれば却下しやすい。だから投資家には「きれいな

体」を見せなければならない。欠陥は以下のような場所に数多く見られる。

▼知的財産　その技術は自分たちのものだという、以前の雇用主からの訴訟（または訴訟のリスク）。会社ではなく創業者に属するコア技術。他者の特許の侵害。

▼資本構成　少数の創業者による組織の大部分の所有（なおかつ創業者は所有権を分散させようとしない）。株式の希薄化（訳注：新株発行や株式分割で株数が増え、一株あたりの権利が小さくなること）を望まない頑迷な投資家による支配。過去の高すぎる、あるいは安すぎる評価額。

▼経営陣　婚姻または縁戚関係にある共同創業者。CXOレベルの立場にいる、適性に欠ける友人やルームメート。業界でのしかるべき経験の不足。刑法犯。

▼株式の提供　コンサルタントやベンダーへの報酬に代わる株式の付与（オプションではなく）。友人や親戚に高額で売却される普通株。証券法に照らして不適格な投資家の勧誘。

▼法令遵守　法律違反。税金の不払い。

すべてを開示する

すぐにはきれいにできない部分があれば、投資家に開示しよう。それもなるべく早く。公表するのが遅れれば遅れるほど公表しづらくなり、信用も損なわれる。たとえば、ガレージ・テクノロジー・ベンチャーズがかつて投資したある会社は、別の投資家候補先とコンサルティング契約を結んでいることを開示した。これが明らかになったのは投資クロージングの直前。この投資家は株式を購入するだけでなく、コンサルティングの報酬に株式と現金を受け取っていた。ほかに同じような契約を結んでいる投資家はいなかった。

他の投資家がこのことを知ると、取引はほぼ決裂した。この会社がもっと早くにすべてを公表し、やましいところはないと説明していたら（実際、やましいところはなかった）、もっとスムーズにことは運んでいただろう。残念ながら、この土壇場で明るみに出た問題のせいで、ある高額投資家が撤退したのである。

一度倒産した会社を再興する、あるいはそこに勤める場合はどうか？　倒産したという事実を隠そうとしても意味はない。投資家たちはいずれそのことを知るだろう。市場、他の従業員、顧客、そしてとりわけ投資家など、自分以外のせいにするのもみっともない（真実はどうあれ）。

お薦めは「懺悔」することだ。つまり倒産のそしりをできるだけ受け入れ、罪を「告白」するのである。賢明な投資家ならこれを評価するはずだし、幾多の投資家が失敗経験のある起業家に大量の資金をつぎ込んできた。大切なのは失敗したことではなく、失敗に学び再挑戦しようとしていることである。

教訓はこうだ。問題があれば、それをきれいに片づけるか堂々と開示せよ。けっして隠してはならない。

敵をつくる

投資家は投資しようとする組織に競争相手がないことを望んでいる、と多くの起業家は考える。残念ながら、起業家がそう主張したら、賢明な投資家は次のいずれかまたは両方の結論に達する。

✪市場がないから競争相手がいない。市場があれば、他の組織もそれを勝ち取ろうとするはずだ。

✪この創業者は無知なので、ほかにも同じことをしている会社が一〇社あるということをグーグルで検索できない。

存在しない市場のために組織を立ち上げることも、自分の無知をさらけ出すことも資金調達の助けにはならない。ある程度の競争は市場の存在の証だから、よいことである。さらに競争相手のことを知っていれば、情報収集は怠りないとの証にもなる。

自分たちがいかに競争相手よりまさっているか、それを示すのがあなたの仕事である。競争相手がいない、ではだめだ。自社と他社はそれぞれ何ができて何ができないかを表で整理するとよい。

会社	われわれができて彼らにできないこと	彼らができてわれわれにできないこと
X社		
Y社		
Z社		

自分たちにはできないが競争相手にはできることを書き出すべきなのは、それによって次のことがわかり、信頼が築かれるからだ。

- ✪あなたは現実を見て競争相手をほめることができる。
- ✪あなたは自分の知っていることを明瞭簡潔に伝えることができる。
- ✪あなたは自分に都合がよいとはかぎらない事実を明かすことにやぶさかではない。

この表はまた、顧客のニーズに応じたあなたの能力を示すことで、製品・サービスと市場との適合性をアピールするためにも使える。つまり「われわれにできること」リスト、それはとりもなおさず、あなたの製品・サービスに対するニーズがあるという証明なのである。

だから勇気を持とう。みずからの強みと弱みをオープンに論じよう。そうすれば強みの信憑性も増すというものだ。

ところがあいにく、これを実践している人はどこにもいない。みんな、自分たちがよく見えるような表をこしらえる。多くの場合、露骨におかしいとは言えないまでもあまり関係のなさそうなパラメーターを持ち出して。たとえばこんな具合に。

	当社	X社	Y社
右ききのCEO	✓		✓
ハイブリッドカーを利用	✓	✓	
完全菜食主義の社員	✓		
オープンソースコードを使用	✓		✓

本当に競争相手がいないのであれば、それが見えるまでズームアウトしよう。競争相手はシンプルでかまわない。現状維持の姿勢とか、マイクロソフトとか（だって、いずれマイクロソフトと競合しないところなどあるだろうか）、大学の研究者とか。なんでもいい。競争相手などまったくいないと言うのは、成功の見込みがない組織なのだから。

新しいうそをつく

投資家の典型的な一日は、二～三の会社と面会し、さらに四つか五つのエグゼクティブサマリーに目を通すというものだ。どの会社も実績あるチーム、実績ある技術、実績ある市場に裏づけられた、他に類を見ないあっと驚くビジネスチャンスを主張する。自分たちのしていることがわからない敗北者の集まりだと主張する会社はない。

同じように、あなたは自社と自社の会議こそが世界の中心だと思いがちだが、じつはあなたの会議は午前一〇時の会議にすぎない。午前九時にはすでに会議がひとつあり、午後には一時と三時にもうふたつ予定されている。

この「世界の中心妄想」の一因は、起業家がいつも「自分は投資家に新しい話をしている」と思い込んでいることにある。同じようなうそを聞かされるのにうんざりの投資家のために、また、うそをついて信用を落としている起業家のために、起業家が投資家につくうそのトップ10をここに紹介する。これを注意深く検討し、つくならせめて新しいうそをつこう。

うそ①「私たちの予測は控えめです」

控えめというだけではない。三年目には一億ドルを稼ぐという。要は人類史上最も成長の速い会社である。その予測は控えめではない。ありていに言えば、売り上げを予測する手がかりがないのだ。

私は起業家にこう言われる日を夢見ている。「正直言うと、私たちの予測は適当に思いついた数字です。あなたに関心を持ってもらえるだけ大きく、私たちがばかに見えないだけ小さい数字にしようとしました。本当は製品を出して、それがどれだけ受け入れられるかを確認するまで、なんの手がかりもありません」。少なくともこの起業家は正直である。

うそ②「この市場は五年で五〇〇億ドルになる、とガートナー（フォレスター、ジュピター、またはヤンキーグループ）は言います」

第3章（「売り込みの奥義」）で私は、起業家が市場規模を「証明」しようとすれば聞き手がどう思うかを論じ、「たまねぎの皮をむいていく」こと、そうでなければ「空想をかきたてる」ことを推奨した。くり返す。こうした数字を出して投資家の関心を引こうと思ってはならない。だれが「私たちの市場などちっぽけです」とわざわざ言うだろう？　みんな右にならえなのだ。

うそ③「来週、ボーイング社と契約予定です」

すでに述べたように、好ましいのはトラクションである。トラクションがあれば資金調達もラクだ。しかし署名が終わるまでは、契約書はただの紙きれだ。投資家が一週間後にチェックしても契約書の署名がまだなら、大きな問題である。この五年間、私は契約書が予定どおり署名されたのを見たためしがない。ボーイングにしろ何にしろ、話は契約が成立してからだ。一般論を言えば、投資家を驚かせるときは必ずうれしい驚きであるように。

うそ④「資金ができしだい主だった社員が入ってきます」

話を整理しよう。ガレージで創業したあなた方ふたりは数十万ドルの資金を調達しようとしている。製品は一年前に完成。そして、その有名な社員たちは年二五万ドルの給料、それにボーナス、ストックオプションを捨ててあなたの会社に加わる――と、そういうことですね？

その主だった社員たちに本当にもう入社する気になっているのかと問うと、答えはたいがい「そういえば何かのカクテルパーティーでそのCEOに会った気がする」。このうそをつくなら、社員候補者がいまの勤務先を辞める準備ができていることが必須である。

うそ⑤「複数の投資家がすでにデューデリジェンスに入っています」

つまり「早くしないとほかのところが投資するので、おたくにチャンスはなくなる」と、そういうことらしい。根拠なき熱狂の時代ならともかく、ふつうはこんなことを言ったらお笑い種だ。聞いた側が実際に思うのは、〈ほかの投資家にも売り込みをかけて、まだ断られるまでは行っていないのだな〉。

おそらくあなたが投資家のことを知っている以上に、彼らはお互いのことを知っている。知り合いに電話をかけて、そこの投資会社があなたの案件にどれくらい関心を持っているのかを聞き出すことなんて朝飯前だ。このうそをつきとおすには、偉大なるはったり屋かお色気娘にでもなるしかない。さもなくば投資家のネットワークには太刀打ちできない。

うそ⑥「プロクター・アンド・ギャンブルなんて古くて図体ばかり大きいのろまだから、脅威でもなんでもありません」

プロクター・アンド・ギャンブル、マイクロソフト、オラクル、フォード……有名どころを一社選んでこういう発言をすれば、ⓐ投資家に自分たちの羽振りのよさを納得させられる、ⓑ名の通った競争相手を負かすことができる証明になる、ⓒ競争上の優位性が得られる、と多くの起業家は考える。

実際には、事業を成功させるのに必要な条件を何もわかっていないことをそれら起業家はさらけ出している。私たち凡人がサウスウエスト航空でピーナッツをむしゃむしゃやっているときに、ラリー・エリソンのような人たちが自家用ジェット機のためにサンノゼ空港を夜遅くまで営業させることができるのには理由がある。ただしそれは、彼らが年寄りで図体ばかり大きいのろまだからではない。

投資家に言わせれば、世間に名が通った企業と競争するなんて空恐ろしい。そんな競争相手をけなして自分の無知をさらけ出すのは、自殺行為以外の何ものでもない。むしろ次のような選択肢が正しい道だ。

- ✪その競争相手と提携する。
- ✪その競争相手に気づかれないように活動する。
- ✪その競争相手が手を出さないニッチ市場に対応する。

うそ⑦「特許があるので私たちの事業は安全です」

特許は事業を安全にはしない。一時的な競争優位性を提供することはあるだろう（とくに物質科学、医療機器、バイオテクノロジーを扱っている企業の場合）。だが、そこまでだ。たとえばガレージ・テクノロジーは、投資家や起業家がインターネットを使って投資を触発するプロセスで特許をとっている。だから私は夜も安心して眠れる？　その特許のせいで、投資銀行、解雇された投資銀行家、コンサルタントはインターネットを使って私募債の買い手や売り手に連絡をとることができなかった？ われわれは特許権を行使しようとする？ 答えはそれぞれノー、ノー、ノーだ。

もちろん可能であれば特許を申請してよいけれども、裁判所へ通う時間（年単位）とお金（百万ドル単位）がないかぎり、特許に頼るのは親を喜ばせるくらいの目的にとどめておこう。アップルと米司法省が裁判でマイクロソフトを負かすことができないのなら、あなたにもそれはできないのだ。

自分の技術に特許性があるという話を投資家にするのは一回きりがよい。ゼロはまずい。なぜなら独自性がないと思われるからだ。二回以上ふれると、あなたは経験不足で、特許が事業を安全にすると思っていることになる。

うそ⑧「一パーセントの市場シェアをとりさえすればよいのです」

ベンチャーキャピタリストはこれを「中国ソーダのうそ」と呼ぶ。「中国人のわずか一パーセントが当社の炭酸飲料を飲めば、私たちは人類史上例を見ない成功を収める」というわけだ。この理屈には四つばかり問題がある。

✪中国人の一パーセントにあなたの炭酸飲料を飲んでもらうのはそれほど簡単ではない。

✪中国全土のような巨大市場を本気でめざしている起業家はほとんどいない。

✪あなたの前にもほかの市場について同じようなことを言っていた会社がある。今後もそういう会社が現れるだろう。

✪たった一パーセントの市場シェアをねらう企業なんてつまらない（どのベンチャーキャピタリストも、米司法省やEUによる反トラスト訴訟が最大の脅威であるような会社に出資したいとひそかに考えている）。

前にも述べたように、やるべきことは「トータルアドレサブル市場」を前提とした信頼に足る数字を挙げるか、空想をかきたてて投資家自身に数字を思いつかせるかである。巨大市場の一パーセントをとりさえすればよいと語るのは、自分に能なしのレッテルを貼ることだ。

うそ⑨「私たちは先発者として有利な立場にあります」

このうそには少なくともふたつ問題がある。その一。真実かどうかわからない。同じことをだれもやっていないとはたして言えるだろうか？　あなたが何かよいことをしていたら、ほかにも五つの組織が同じことをしている。それがもののつねだ。あなたが何かすばらしいことをしていたら、同じことをしているところが一〇はある。その二。先発者の有利という考え方がじつは世間で言われるほどのものではない。「すばやい二番手」のほうがよい可能性もある。よその会社にコンセプトを開拓させて、その誤りに学び、すかさず追い抜くのである。

うそ⑩「世界一流の実績あるチームを擁しています」

ここで言う「世界一流」とか「実績ある」の定義は、前に勤めていた会社の創業者が投資家に巨万の富をもたらした、あるいは評判の高い上場企業で働いた経験があるというところだろう。成功した会社にいておこぼれにあずかった、マッキンゼーでコンサルタントをしていた、モルガン・スタンレーに二〜三年いたというのは、たいした実績にはならない。

【練習問題】 うそのトップ10リストを友人に渡したうえで、売り込みを聞いてもらう。いくつ同じうそをついたか? 三つ以上ついたら失格だ。

計略にはまらない

新しいうそをつくだけでなく、「引っかけ問題」に正しく答える必要もある。あなたが経験不足ないし能力不足ゆえにまちがった回答をしないか、投資家は試そうとするのだ。次の表を参考にされたい。

投資家の引っかけ問題	言いたくなる答え	言うべき答え
「なぜご自分がこの組織を経営するのに適任だと思われるのですか?」	「なぜご自分がこのベンチャーキャピタル会社を経営するのに適任だと思われるのですか?」	「ここまでうまくやってこれました。でも必要とあらば身を引く用意はあります」
「ご自分は長くCEOをやると思われますか?」	「パートナーの方々はおたくにどんな資質を見出したのでしょう?」	「いままで製品を市場に出すことに専念してきました。それを成功させるためならなんでもやります。必要とあらば身を引くことも含めて。わが社がそうした変化を遂げるための条件は次のとおりです……」
「組織の支配権を握ることはあなたにとって重大な問題ですか?」	「事業を成功させるためなら週八〇時間働くこともいとわないこの私に、自分の持ち分を気にするかですって?」	「いいえ。事業を成功させるためには、すぐれた従業員とすぐれた投資家が必要です。みんなにそれなりの持ち分を渡さなければ。私はパイを大きくすることに集中します。パイの取り分を大きくすることではなく」
「流動性の方針についてどうお考えですか?」	「ナスダック史上最高額のIPO（新規株式公開）」	「流動性を夢見る前にやるべきことがたくさんあります。私たちはこの会社を成功に導き、独立した大きな組織にしようとしています。いまは雌伏のときですが、そのために力のかぎり働いています。IPOは夢のような大目標です。ちなみに将来の買い手としては次の五社が考えられます……」

おわかりだろうか？　新しいうそ、古い真実を語ろう。逆は真ではない！

ネコを群れさせる

恋人と別れる方法は五〇はあるだろうが、投資家があなたにノーと言う方法はもっとある。あいにく、起業家はノーという答えを受け入れることはできない（これは起業家たる者に欠かせない条件だ）。同時に、投資家はあからさまに拒絶することを好まない。彼らが好むのはSHITSテクニックだ（**Show High Interest, Then Stall.**＝関心が高そうに見せたうえで、はぐらかす）。よくある言い方（広い意味で）は以下のとおり。

✪「まだ早すぎます。売り上げ実績が出れば投資しましょう」
✪「もう遅すぎです。もっと早くお話を聞きたかった」
✪「ほかに投資してくれそうなところがあれば、われわれもひと口乗りましょう」
✪「御社の分野のことはわからなくて」
✪「投資先企業のひとつと利益相反が生じるのです」（断言するが、あなたの会社がカネになると思ったら、彼らはその利益相反を解決するだろう）
✪「私はいけると思ったのですが、パートナーがうんと言わなくて」
✪「貴社の技術に拡張性があることを証明してもらわなければ」

だいたいの場合、投資家の本心は「地獄が氷で覆われたら考えてやる」くらいのものだ。でも、投資家が心から興味を持っているのにまだ確信にいたっていないというケースもある。そうならば出資を受けられる可能性もあるが、それはネコを群れさせるのと同じくらい難しい。

ネコをうまく群れさせるためのカギは（ややこし言い方かもしれないが）、ゴール近くの数匹を獲得するよりも、一匹をしっかり確保することだ。この一匹が大きくて美しく有名であれば言うことはない。ただし、あなたの身内以外のネコであること。「不幸は道連れをほしがる」と言うが、投資家も道連れをほしがるものだ。

投資家を口説くという作業は、たんに売り込みや事業計画書や紹介状を通じて客観的で数値化可能な有力情報を提供することではない。それは分析的作業であると同時に、恋人とのデートにも近い。ノーと言った「かもしれない」その投資家が、なおもあなたのことを見ているのだ。

✪売り込みのあとに連絡をとろうとしたか？
✪売り込みのさいに受けた質問に答えたか？
✪主張を裏づける補足情報を提供したか？

✪有力な顧客と契約したり、目標を早めにクリアしたりして投資家を驚かせたか？
✪ほかの優良投資家が小切手を切ってくれたか？

このように粘り強く行動すれば報われることがある。最初の売り込み後にこうした姿勢や事実を見せていけば、ネコも群れるかもしれない。ただし、これといった改善もないままに接触しつづければ、あなたへの評価は「粘り強い」から「厄介者」に変わる。厄介者にお金を出す人はいない。

自分がかかわろうとしている世界を理解する

資金調達、なかでもベンチャーキャピタリストからのそれは長く困難なプロセスである。それもうまくいけばの話だ。一九九〇年代の好景気よもう一度（訳注：もちろんアメリカの話）と願いたくもなるが、そうは問屋がおろさないだろう。それに、市場のタイミングに頼るのは能なしだけだ。

プロの投資家やベンチャーキャピタリストとはどういう人種なのかを説明するために、ひとつのお話を紹介しよう。クルマにロケットエンジンをくくりつけて山腹に突っ込んだ男の話、といった類の都市伝説ではない。これはそのベンチャーキャピタリスト本人から直接聞いた話である。

彼女はある晩、父親としゃれたレストランへ食事に出かけた。クルマを店の前に止めれば、あとはボーイが駐車場に止めておいてくれる、そういう種類の店だ。道中、父親は娘をやさしくたしなめた。こんな派手なBMWを買ってと。娘はレストランの前にクルマを止め、ふたりはなかへ入った。

何時間かして店を出ると、クルマはさっき止めた場所にそのまま止まっていた。ここぞとばかりに娘は父親に言った。「ね？　だからBMWにしたのよ。おしゃれなクルマはレストランも店の前から動かさないの。するとクルマを回してもらうのを待たなくてもいいでしょ」そのとき、怒ったようすのボーイが近づいて彼女に話しかけた。「カギをお持ちになったので、お車を移動できませんでした」

この実話から学べることは何か？

①ベンチャーキャピタリストは自分たちに適用される物差しはちがうと考えている。
②ベンチャーキャピタリストは自分たちが特別な待遇を受ける資格があると考えている。
③クルマはレストランの前に置きっぱなしにしなければならない。
④ベンチャーキャピタリストは必ずしも私たちとちがわない。たまたま何億ドルというお金を扱っているだけだ。

どれも正解である。とかく神話化されがちなベンチャーキャピタリスト像、そのベールをはいでみよう。

✪彼らはあなたの事業分野についてあなた以上に知っているわけではない。それでも、彼らが何億ドルというお金を扱っていると、なかなかそうは思えない。

✪一流の投資家をつかまえても成功が保証されるわけではない。彼らはたくさん賭けを打つが、そのほとんどは失敗すると踏んでいる。

✪外部の資金を一ドルでも入れたら、その瞬間にあなたは「支配権」を失う。支配権は議決権株式うんぬんとはなんの関係もない。外部資金を入れたら、すべての株主に対して責任を負わなければならない。たとえそれが少数株主であっても。

✪彼らが何かをしてくれるという期待をあまり持たなければ、失望もしないですむ。外部投資家はあなたが販売や提携に弾みをつけるチャンスをくれる。将来の投資家探しを手伝ってくれる。他企業の同じような誤りを知っていれば、あなたがその轍《てつ》を踏まないようにしてくれる。投資したという事実をもって、世間があなたのことをもう少し重要視するようにしてくれる。でもそれだけだ。

切符を探す

これが本当の話なのか都市伝説なのかはわからないが、よき起業家ないし物書きは、真実のなかにもよき教訓を見出すものだ。

アルベルト・アインシュタインが列車に乗っていた。ポケットやバッグをすべて探しても切符が見つからない。車掌が彼のところへ来て次のようなことを言った。「アインシュタイン博士、あなたを知らない者はおりません。プリンストン（高等研究所）が切符のもう一枚くらい面倒を見てくれますよ」

するとアインシュタインは次のように答えた。「お金の心配はしていません。切符がないと自分がどこへ行くのかわからないのです」

アインシュタイン同様、あなたもお金ではなく行き先の心配をしなければならない。行き先がわかればお金はついてくる。

付録4 エンジェル資金調達術

天空に向けて矢を放つと、突き刺さった。
（訳注：「天空に向けて矢を放つと、見知らぬ地上に落ちた」という詩の一節のもじり）

——ロサンゼルスのらくがき

プロの投資家やベンチャーキャピタリストだけが新興組織の資金源ではない。資金を提供できる裕福な個人がごまんといる。こうした人たちから資金を調達するには、まったく別のアプローチが必要である。彼らの目標はプロの投資家のそれとちがうからだ。個人投資家《エンジェル》からは資金を引き出しやすいというのではない。ちがいがあるというだけだ。説明しよう。

✔個人投資家を見くびってはならない　彼らはプロの投資家ほど金銭的リターンにこだわらないかもしれないが、かといってお人好しというわけではない。クライナー・パーキンス・コーフィールド&バイヤーズやセコイア・キャピタルのようなトップクラスのベンチャーキャピタリストに売り込みをしているという気構えで対応しよう。

✔彼らの動機を理解する　プロの投資家がお金を稼いで社会に還元しようと考えるなら、個人投資家は社会に還元してお金を稼ごうと考える。個人投資家が考える社会への還元方法はふたつある。若手の起業を手助けすること、意義ある製品・サービスが市場に出るのを助けることである。

✔彼らが人生を仮託できるようにする　多くの個人投資家が望む副次効果は、夢多き青春時代を追体験することだ。またぞろ会社を始めることはできない、あるいはそのつもりはないとしても、あなたがそうするのを見るのが楽しいのである。

✔配偶者に理解させる　個人投資家の「投資委員会」はその配偶者である。技術おたく、情報通、元起業家とかいった連中ではない。だからこそ平易な言葉で事業を理解してもらうのが大切になる。

✔善人でいる　プロは相手がいやなやつでも投資するだろう。「カネはカネ」だから。ところが個人投資家はそうはいかない。彼らは父親や母親のように起業家にほれ込むのだ。「いい子だからチャンスをやりたい」。だからお行儀よく素直な人間でいること。そういえば、この態度はプロの投資家に対しても害にはならない。

✔彼らの知り合いと契約する　個人投資はお金儲けでもあるが社交でもある場合が多い。だから、その「クラブ」のメンバーをだれかつかまえることができれば、類が友を呼ぶことになる。

付録5

取締役会運営術

軍隊というのはボーイスカウトみたいなものだ。ボーイスカウトには大人の監視があることを除けば。

――ブレイク・クラーク

お金には責任がともなう。外部資金導入の恩恵兼重荷のひとつは、取締役会を設置しなければならないことだ。ここでは取締役会の運営ノウハウを伝授する。

ひとつ目の問題は、取締役会の構成。大口の投資家は重役のいすを要求するはずだから、すでに一部は決まっている。全体としては、起業と深い市場知識という二種類の専門性をそなえた人物が必要である。そろえるべき役者はざっと以下のとおりだ。

✔**顧客**　顧客のニーズを把握している人。顧客である必要はないが、市場が何を求めているかを熟知していなければならない。

✔**事情通**　事業活動を現実的にチェックする人。たとえば、あなたの技術は物理法則に逆らっていないか？　技術系企業以外でも同じ。「その仕事は可能か？」と問うのである。

✔**「父親」ないし「母親」**　取締役会のなだめ役。亀の甲より年の功で、さまざまな問題をとりなし、折り合いをつけてくれる。

✔**堅物**　横になっているあなたに「寿司の食べすぎだ」と言う憎まれ役。遵法や倫理にもうるさい。

✔**「ジェリー・マグワイア」**　人脈豊富なエージェント役。その何よりも重要な財産は、名刺でいっぱいの「ローロデックス」（回転式名刺整理器）、つまり顔の広さと、それを喜んで使わせてくれる度量だ。

ふたつ目の問題は、取締役との良好な関係づくり。いくつかヒントを差し上げよう。

✔木を救う　紙は多いより少ないほうがいい。多忙な取締役を文書漬けにするのはまちがいだ。財務経理報告書は五ページ程度、内容は損益計算書、キャッシュフロー予測、貸借対照表、成果および問題点の一覧とする。

✔役立つ指標を提供する　財務経理報告書だけでは心もとない。顧客数、インストール数、ウェブサイトの閲覧者数といった金銭以外の指標も重要である。この情報を付け足すとしても三〜四ページ以内にする。

✔以上の報告書を取締役会の二日前に送付する　取締役会は戦略的イシューを話し合う場であって、報告書に含まれる事実情報を伝える場ではない。事実の伝達に割く時間は極力なくし、それを今後どうやって改善するかの検討に多くの時間を割かなければならない。だから事前に報告書を送っておくのがよい。ただし、読んでくれるとはかぎらない。会議のさいにざっと確認する必要はある。

✔びっくりさせない（吉報を除く）　悪い知らせを発表する最悪の場所とタイミング、それは取締役会の席だ。ハイエナの群れに肉を食いちぎられたいのなら話は別だが。よくない知らせがあるときは、事前に一人ひとりと面会し、何があったかを説明すること。

✔前もって見解を聞く　取締役をびっくりさせてはならないのだから、重要な決定の前には心の準備をしてもらう必要がある。次の取締役会で重要な問題を論じることがわかっていれば、それぞれの取締役と事前に話をしよう。その場で見解を聞かされ、あなたの考え方も変わるかもしれない。

FAQ

このＦＡＱは本書で最も長い。それは大部分の人にとって資金調達がいかに難しいかということの表れである。本章の趣旨の範囲内で、私は資金調達に関する最も多い質問に答えた。きわめて具体的な質問のみを取り上げている。

Q1 当社に五〇〇万ドル投資したいというベンチャーキャピタリストがいます！　今後のやりとりについて彼がどう考えているのかを知っておきたいのですが。

A1 万事が順調に進んでいるかぎり、ベンチャーキャピタリストはあなたをほっておいてくれます。彼の生活を理解しておきましょう。一〇社もの取締役を務め、その会議が少なくとも四半期ごと、場合によっては毎月開かれます。投資資金を調達しなければならないので、約二五の投資家に情報提供を怠らず、彼らを満足させておく必要があります。毎日、何件かの投資案件をチェックします。ほかにも五つのパートナーと取引をしています。あなたに細かい注文をつける時間はありません。それにもし細かい注文をつけなければならないと思ったら、そもそも投資していないでしょう。

もっと大切な質問は「よきベンチャーキャピタリストには何を期待できるか？」。答えは次のとおりです。「月五時間の情報共有会議のなかで、顧客やパートナーになりそうな相手を紹介し、あなたの会社の幹部候補者の面接をしてくれる」

Q2 満期がずっと先なので当社の株式の流動化スケジュールと合う――そんな新しいファンドを持ったベンチャーキャピタル会社はどうすれば見つかりますか？

A2 考えすぎです。ファンドのタイミングなど関係ありません。それに、ベンチャーキャピタル会社があなたを選ぶのであって、その逆ではありませんし、流動化スケジュールを予測する方法もありません。

Q3 各ランク（ティア1、2、3）のベンチャーキャピタリストにはどういう順番でアプローチすべきでしょう？　上位つまりティア1からですか、それともその逆ですか？

A3 これも考えすぎです。アプローチできるところには選り好みせず売り込みをかけましょう。資金調達の努力を九カ月続ければ、どのお金も同じように通用することがわかります。それに、どこが上位でどこが下位かは判断不可能です。

Q4 各ランク（ティア1、2、3）のベンチャーキャピタリストから期待される内部収益率（IRR）（訳注：投資金額に対して、現在価値でどれくらいのリターンがあるのかを示す比率）はどの程度ですか？　彼らはその予測にどのくらいこだわりますか？

A4　何よりもまず、ベンチャーキャピタリストが自分たちはティア1ではないと認めることはないでしょう。認めたとしても、それは彼らのパートナーや投資家に対して「われわれはティア1ではないので一〇パーセントで十分」と言っているわけではありません。

あらゆるベンチャー投資家があなたへの投資に高いリターンを望んでいます。目標平均値でよいと思ってはいません（言っておきますが、彼らはあなたの会社が「炎上」する可能性も高いと承知しています）。しかし、あなたの質問はさらにもうひとつ的を外しています。ベンチャー企業はたしかにIRRの実績でランクづけされますが、IRRの見込みを計算して個々の案件を評価することはありません。さしものベンチャーキャピタリストも、自分たちにそれほど先見の明があると考えるほど傲慢ではないのです。

実際には、投資家は現金ベースのリターンを見ています。きょう一〇〇万ドルつぎ込んだら、四～五年後にいくら取り戻せそうか（五〇〇万ドルであれば五倍のリターン）。現金ベースのリターンに対する期待度は、ベンチャー企業のランクではなく、投資家のタイプや投資分野によって異なります。立ち上げ間もないハイテク企業ならば、三年から五年で五～一〇倍のリターンをもたらす現実的計画があることを投資家に納得させられるかどうかです。

Q5　ここまでの売り上げがぱっとしない（あるいは存在すらしない）ことを認めるべきで

すか？

A5　はい。ただし私ならこう言います。売り上げがぱっとしないのではない。「きわめて革新的な製品を擁して販売を始めたばかり」なのだと。また、だからこそ、自己資本経営で収益をあげられる期間が長ければ長いほどよいのです。

Q6　すべてが初めての経験であるとベンチャーキャピタリストに認めるべきですか？

A6　その必要はないでしょう。いずれわかるので。とすると、本当のことを言うほうがいいのかもしれません。ただし、この状況を改善するため、経験豊富な取締役や相談役に加わってもらいましょう。また、「この組織にとって正しいことをやります。それが正しいのなら身を引くことも辞しません」と明言しましょう。

Q7　ベンチャーキャピタリストどうしはよく話をしますか？　ひとりの前で失敗を犯したら酒場で話題になり、私の評判はガタ落ちになるでしょうか？

A7　ベンチャーキャピタリストがあなたの話をする可能性は低いでしょう。つまらぬ会議や無知な起業家をいちいち話題にするだけの時間がないからです。話題にのぼるためには、よほどのバカをやらかす必要があるでしょう。

Q8 資金調達の前に法律事務所や会計事務所と契約すべきですか?

A8 その必要はありませんが、ふたつの理由から法律事務所とは契約するほうがよいでしょう。第一に、企業ファイナンスないしベンチャーキャピタルで定評のある法律事務所を選べば、あなたが事情通である証拠になります。第二に、資金調達にともなうさまざまな事務処理には、企業ファイナンス専門の経験豊かな弁護士が必要です。会計事務所はさほど重要ではありません。まだ説明すべきことがらが多くないでしょうから。

Q9 株式の流動性が実現するまでのプロジェクト全体を支える資金を出してもらうのと、最初の一〜二年に必要な分をお願いするのとでは、どちらがよいですか?

A9 流動性が実現するかどうか、実現するとしてそれはいつか、そのためにはいくら必要か? これはたぶん見当がつきません。あなたが投資家から得るべきは、次なる大きな目標に達するための資金と、予定どおりいかなかったときのための半年分の蓄えです。

Q10 投資資本を引きつけるためには事業が完全に波に乗り、利益を出している必要がありますか?

A10 ベンチャーキャピタル事業は循環的です。過食症的とも言われます。宴もたけなわの最中は、パワーポイントを立ち上げることさえできればだれでも出資を受けられます。下剤を飲む段になると、たいていのベンチャーキャピタリストは用心深くなり、「完全に波に乗り、利益を出している」企業を求めます。

あなたの仕事は、「実績のない」企業に早くから資金を投じるベンチャーキャピタリストを探すことです。「実績のある」企業だけに投資すると語るベンチャーキャピタリストはうそをついています。本音はこうです。「わからないから、そう言っておたくをシカトしてるんだ。本当に確信を持てたら、思いきって賭けるんだけどね」

Q11 ターゲット市場に明らかなリーダー企業が存在したら、私は出資を受けられないでしょうか?

A11 「場合による」と明言できます。市場のライフサイクルの早い段階で、なおかつ市場が大きくなることが「明らか」であれば、出資を受けられます。コモドールはPC市場の明らかなリーダー企業でしたが、多数の企業がそれに続いて出資を受けました。他方、資本集約的な成熟産業(たとえば自動車)の場合はそれも難しいでしょう。

投資家にもよります。市場リーダーに恐れをなす投資家もいれば、リーダーがいるのは市場がある証拠だから、そこに戦いを挑もうとする投資家もいます。

もうひとつ考慮すべき点があります。ご質問は出資に関してでした。でも、出資の可能性と実行の可能性は同じではありません。市場リーダーと戦う――あなたのその考えは出資を得られないかもしれませんが、実行の可能性はまだまだあります。投資家のネガティブな反応にあなたの行動を止めさせてはなりません。

Q12 少数の大口投資とたくさんの小口投資、どちらがよいでしょう?

A12 選べるなんて幸せというものです。少数の投資家とはすなわち対処すべき人間関係が少ないことを意味します。また、投資家を増やせばそれだけ質が下がるというのであれば、そんなことをすべきではありません。

しかし次のような事情から、投資家の数は増やすに越したことはありません。①投資家が多いというのは、門戸を開き、人材を採り、うわさを流すことであなたを助けてくれる人が多いことを意味する。②追加資本が必要になったとき、すでに取引のある複数の資金源が存在するとよい。③意見が合わなかったときのことを考えると、ひとり(ひとつ)の投資家に権勢をふるわせるのは危険である。

Q13 エンジェル資金(個人投資家による出資)を受ける場合は、それを利子込みで返せるようになったときに株式を独占できるように、株式の買取条項を設けておくのが妥当ですか?

A13 そんなことはありません。彼ら個人投資家は最もリスクの高いときに資金をつぎ込んでくれるのですから、どこにも見劣りしない恩恵を受けるべきです。買取条項を加えるなんて罰当たりです。新興組織に必要なのはその反対、できるかぎりの神のご加護なのですから。

Q14 すでに投資してくれている投資家も、ほかの投資家候補への売り込みに同席すべきですか?

A14 その投資家候補が了承するなら、これはふつうプラスに解釈されます。「この投資家はわれわれとの会議に同行するほど関心が高い」と。有名な投資家であれば、是が非でも同行してもらうべきです。

Q15 すでに大手プレーヤーが参入している数十億ドル市場を持つ製品コンセプトと、当面は競争相手がいない数十億ドル市場を創造する可能性がある製品アイデア、どちらのほうが投資家にアピールしますか?

A15 これは投資家によります。「すばらしい新世界」的な投資を好む投資家も一部にはいますが、大部分は野牛と同じです。そう、群れのみんながそうしているから、自分も頭を下げたまま崖に向かって突進するのです。ある意味で資金調達はナンバーズくじに似ています。小切手を切ってくれる投資家をひとり見つけるためには、何回も売り込みをしなければなりません。

Q16 自社製品がいかに問題解決に役立つかを売り込むのと、投資家がいかにXパーセントのリターンを得られるかを売り込むのとでは、どちらを重視すべきですか?

A16 前者です。けっして後者ではありません。流動性がいつどのように実現するかはだれにも予測できません。予測しようとしてもばかにされるだけです。

Q17 起業家はいつ投資家から資金を得るのをあきらめるべきですか?

A17 私は投資家を説得して色よくない返事を覆《くつがえ》した起業家を見たことがありません。投資家がノーと言ったときは(先述のようにその言い方はさまざまです)、その決定を潔く受け入れましょう。

しかし、「証拠」ができたら再チャレンジです。証拠とは、製品・サービスを完成させること、一流どころと取引を始めること、よそから資金を調達すること、すぐれたチームを築くこと。粘り強さと証拠がものを言います。

Q18 投資家に許容されるCEOの給与としてはどのくらいが妥当ですか?

A18 具体的な数字で答えるのは難しいですが、二〇〇四年前後の技術系新興企業であれば、年一二万五〇〇〇ドルというところではないでしょうか。もっと一般化すればこうです。CEOは最も給料が低い社員の四倍以上もらってはならない。

Q19 個人投資家は起業家にも「身銭を切って」もらいたがります。私にはこの事業に投資するお金などありません。これをどう克服すればよいでしょう？「身銭を切る」ということについて、最近のベンチャーキャピタリストはどう考えていますか？

A19 ベンチャーキャピタリストまたは個人投資家にとって、起業家が身銭を切るのは歓迎すべきことですが、必要事項ではありません。もちろん、自分がお粗末なアイデアに資金をつぎ込んでしまったので、他の投資家にも追従させようなどと考えてはなりません。

投資家候補に断られた唯一の理由が自分が身銭を切らなかったことにあると思うのなら、いずれにせよ色よい返事はもらえなかったでしょう。もっと大切なのは、どれくらい長くその製品に取り組み、自己資本を投じてきたか、そしてどれだけの進捗を見たかです。

逆に、あなたが身銭を切るから資金を提供しようという投資家は無能ですから、そんな投資家は必要ありません。それにたいがいの場合、毎日汗をかくというかたちであなたは身を切ることになるでしょう。

Q20 個人投資家にリターンはどの程度かと訊かれたら、なんと答えるのがよいでしょう？

A20 最もよいのは、「あなたは手だれの投資家ではない。もし手だれの投資家なら、答えのない質問をするようなばかなまねをしないから」と言うことです。でもきっと、あなたにそれだけの度胸はないでしょう。そこで、あなたの組織の財務予測をいっしょにチェックしてもらってから、「どの辺が現実的だと思われますか？」とその投資家に尋ねてください。

Q21 ベンチャーキャピタリストとの会議には何を着ていけばよいでしょう？

A21 地域によります。東海岸ならジャケットにネクタイ着用。西海岸ならもっとカジュアルに、チノパンとポロシャツでもかまいません。天才的なオタクであれば、地域を問わず、清潔なＴシャツにジーンズでも大丈夫でしょう。

Q22 ＩＰＯや買収などの出口戦略がなくても投資家を引きつけられますか？　利益配当または五～一〇年後に創業者から株を買い取ることによるリターンに、投資家は関心を持つものでしょうか？

A22 その投資家があなたの母親であるならば。相手がプロの投資家なら、ＩＰＯや買収のチャンスがないのに資金調達をするのはあきらめましょう。個人投資家であれば、あなたへの投資は空想の飛躍または同情かもしれません。その場合、流動性はさほど問題になりません。ですが、利益配当や株式の買い取りに魅力を感じる投資家はほとんどいないでしょう。

Q23 起業家はその事業への投資を望むベンチャーキャピタリストによる評価額を受け入れ

なければなりませんか？

A23 最初のオファーがいくらであれ、二五パーセント高い評価を要求してください。それくらいの要求を返すのは当たり前ですから。もしそれをしなかったら、相手のベンチャーキャピタリストはおっかなく感じるかもしれません。この人は交渉上手ではないと。なぜあなたの評価はもっと高くなければならないのかを、第三者に証明してもらうのも手です。言い返せと本書に書いてあった、と言うだけでは不十分です。

でも結局、評価額が妥当ならそれでけりをつけましょう。おそらく思った以上に儲かるか、組織が機能不全になるかのどちらかですが、いずれにせよ、評価額にあと数パーセント上乗せしたところでたいして変わりはありません。

Q24 機密保持契約（ＮＤＡ）にサインする投資家などほとんどいないとすれば、どうやってアイデアを保護すればよいですか？

A24 おっしゃるとおりです。ＮＤＡにサインする投資家はほとんどいませんし、いたとしても、たんにアイデアを耳にするだけでそれをまねできるようではいけないでしょう。私自身は、起業家が投資家にアイデアを話し、その投資家がアイデアを盗んだという事例を見たことがありません。

投資家はアイデアをただ思いつく人間ではなく、アイデアを実行できる人間を探しています。アイデアは簡単です。難しいのは実行です。そこにこそお金が落ちています。率直に言って、アイデアを実行できる投資家はまずいません。だから彼らは投資家なのです。

……話がそれました。NDAを利用するさいのポイントを以下に掲げます。

- 最初の会議に向けて、または最初の会議でNDAにサインするよう求めないこと。こんなに早い段階でサインする投資家がいたとしても、それはあなたの必要とする投資家ではありません。
- たんなるアイデア検討のためにNDAを要求するくらいなら、いまの仕事を続けるべきです。非常識すぎます。いまでも私は、オンラインでの書籍販売みたいなアイデアを聞くためにNDAへのサインを求められます!
- エグゼクティブサマリーやパワーポイント資料を遠慮なく配る。これらの文書は投資家を次のステップへといざなうべきものです。「魔法のソース」を開陳するものであってはなりません。
- 投資家があなたの案件に関心を持ち、より詳しい情報を知ろうとする場合は、NDAの締結を求めます。デューデリジェンスの段階で行うのが妥当です。これは生命科学や物質科学の企業にとくに当てはまります。
- 特許を申請したら、NDAの下で魔法のソースについて話し合っても安心です。特許侵害訴訟を起こすための時間やお金ができるというわけではありませんが。

結論は変わりません。アイデアを保護するいちばんの方法は、それをうまく実行することです。

Q25 さらによい条件をめざすのをやめて手を打つ頃合はどの辺でしょう?

A25 給料を払えなくなったら、探索や交渉を打ち切る潮時でしょう。実際のオファーと希望との差が二〇パーセント以内なら御の字です。最善の条件を探すことではなく、事業を築くことに集中しましょう。長い目で見れば、いくら儲かるかを決定するのは事業の質であり、何年も前に投資家と結んだ取引ではありません。

Q26 株式の希薄化、事業上のニーズ、投資家が出そうとする金額、のどれを心配すべきですか?

A26 優先順位はこうです。事業上のニーズ、投資家が出そうとする金額、そしていちばん優先順位が低いのが希薄化。

Q27 どうすれば取締役会から得られる価値を増やせるでしょう?

A27 最初の最も重要なステップは、取締役会中にブラックベリー（訳注：北米で企業ユーザーに人気のスマートフォン）を取り上げることです。その次は、言ってみれば「お願い」するのです。驚いたことに、多くの起業家が取締役会の言いなりで、彼らを積極的に管理できていません。取締役たちに任務を与え、責任を負ってもらいましょう。彼らもあなたに責任を負わせているのですから。

推薦書籍

- Stross, Randall E. *eBoys*（ランダル・E・ストロス『eボーイズ』日本経済新聞出版社）

成長
Proliferation

第8章
パートナーシップの奥義

提携：（名詞）国際政治においては、ふたりの泥棒の同盟。互いのポケットに深く手を入れているので、単独で第三者のものを盗めない。

アンブローズ・ビアス

起業の要諦8

一九九〇年代のハイテクブームでは数々の提携が生まれた。調査提携、マーケティング提携、流通提携、販売提携。正直なところ、収益機会よりも提携のほうが多かった。ほとんどの組織が学んだのは、提携を機能させるのは難しいということだ。両当事者とも2＋2を5にしたいのに、実際は3に終わってしまう。抗しがたい魔力、お世辞、マスコミで報道されるかもしれないという可能性のおかげで、各組織ともばかげた協力関係を結ぶはめになる。それが問題だった。

提携で大事なのは、それによってキャッシュフローや売り上げが増え、コストが減るということである。このように確かな原則のもとに築かれたパートナーシップは成功確率がずっと高い。

それがわかれば、あとは実行あるのみだ。すなわち、現場の人たちが提携を受け入れるようにする、社内の提携擁護派を探す、強みを重視する、ウィンウィンの関係を結ぶ、法的な吟味は正しいタイミングを待つ、提携を終わらせる方法を決めておく。

「スプレッドシート」上の理由で提携する

効果的な提携は新興組織にとって魅力ある結果をもたらすことができる。新しい地域や市場への参入スピードを速め、新たな販売チャネルを築き、新製品の開発を促し、コストを削減するのだ。

私はこれを「スプレッドシート」（表計算ソフトの表）上の理由と呼んでいる。組織の財務予測を変えるからだ。残念ながら多くの組織がスプレッドシートに影響しない理由で提携する。その提携理由は、後光効果《ハロー》をねらって、批判を封じるため、ほかのみんなもやってるから、スリルを味わうため……。

たとえばアップルとデジタル・イクイップメント・コーポレーション（DEC）は、マスコミの両社への批判に応えるように、八〇年代後半に提携を結んだ。要するにアップルにはデータ通信のネタがなく、DECにはPCのネタがなかったのである。

この提携はほとんど効果を生まなかった。少なくとも、アップルをれっきとした大企業へ、あるいはDECをPCの雄へと押し上げる成果がひとつもなかったのはまちがいない。両社の財務数値が改善したとも思えない。コスト増を受けての提携だったなら別だとしても。この提携はせいぜい、うるさいマスコミを黙らすためのPR戦術にすぎなかった。

少なくとも私はこの経験から貴重な教訓を学んだ。マスコミを喜ばせるために提携してはならないと。

アップルが提携を成功させた相手は、アルダス・コーポレーションという新興企業だった。「ページメーカー」というソフトウェアを開発した会社である。当時、アップルは苦境に立たされていた。というのも、大手企業がマッキントッシュを「グラフィックにたけたかわいいオモチャ」扱いし、「ビジネスコンピュータ」とは見なしてくれなかったからだ。

マッキントッシュ販売のカンフル剤となる「キラーアプリケーション」をアップルは必要としていた。一方のアルダスは、製品を販売チャネルに乗せ、小売店の販売員に製品教育をし、大口の客先を開拓し、エンドユーザーを製品になじませるというふうに、そのソフトウェアの販売を手伝ってもらう必要があった。

これぞ渡りに船。それぞれの会社は売り上げを伸ばすために相手の会社を必要としていたのである。アップルはその販売力、広告力、マーケティング力でアルダスの事業本格化を手助けした。アルダスは人々がウィンドウズでなくマッキントッシュを買わざるをえない理由を提供することで、その役割を果たした。

アップルとアルダスの提携はデスクトップパブリッシング（DTP）という新しい市場をつくり出した。そしてDTPはアップルを「救い」、アルダスを「生んだ」。その後は周知のとおりである。

【練習問題】 第5章「自己資本経営の奥義」でやったボトムアップ方式の売り上げ予測に戻れ。いま考えている提携で数字は変わるか？

成果や目標をはっきりさせる

すぐれた提携の基礎になるのはスプレッドシート上の理由であるという理屈をわかってもらえれば、次なるステップが以下のような成果や目標をはっきりさせることだという理由もおわかりいただけるだろう。

✪売り上げの上乗せ
✪コスト削減

✪新しい製品・サービス
✪新しい顧客
✪地理的に新しい市場
✪新しいサポートプログラム
✪トレーニングおよびマーケティングプログラム

成果や目標を明らかにする企業がほとんどないわけはふたつある。第一に、パートナーシップは砂上の楼閣なので、そもそも成果や目標を考え出すのが難しい。これは縁起でもない話だ。

第二に、これはもう少しましな話だが、関係者にはそうした成果や目標を定めるだけの自制心が働かない。忙しすぎか混乱しすぎ、はたまた怠けすぎだから。それとも、たんに結果を測るのがこわいから。

考慮すべき点を挙げておこう。

✪各組織はどんな成果をもたらすか?
✪いつ成果が出るか?
✪どこで成果が出るか?

✪各組織はどんなマイルストーンをクリアしなければならないか？

スプレッドシートの数字に基づいて提携を決め、成果や目標をはっきりさせれば、その提携の成功確率は三倍になるはずである。

現場の人たちに受け入れられるようにする

アップルとDECの提携のふたつ目の基本的まちがいは、両社ともミドル層とボトム層（すなわち現場の人間）が納得していなかったということだ。

当時アップルに勤めていた私はこう思ったものだ。〈東海岸のミニコンピュータ会社の連中がよってたかってアップルに何をしてくれるっていうんだ？〉。DECの社員たちはこう思っていたとしてもおかしくない。〈ビルケンシュトック社のサンダルにグレイトフル・デッド（訳注：ヒッピー文化を象徴した西海岸のロックバンド）のTシャツといういでたちで、日がなビーンバッグチェアにふんぞり返ってだらだらしているヒッピーだらけ、そんなカリフォルニアのいい加減な会社となんで提携しなくちゃならないんだ？〉

提携をうまくいかせたかったら、CEOほか上層部が合意して記者会見をするというシナリオに終始していてはいけない。むしろミドル層とボトム層がその提携を理解し、それが成功することを望み、めいめいの貢献を重んじるようにしなければならない。

真のウィンウィンの解決策があり、双方がお互いを必要としているときに、この協力関係はスタートする。提携発表をするとしても、それは両者の関係がうまく滑りだしてからのことだ。実際、それぞれの組織の上層部がほとんどノータッチのときにこそ、最善のパートナーシップはかたちづくられる。

組織内の擁護派を探す

提携を成功させるには、どちらの組織にもそれを推進する擁護者が必要である。CEOはたいていこの役割には向かない。ほとんどのCEOは注意欠陥障害をかかえているからだ。この役を担うのは提携関係を心から信頼し、これに殉じるくらいの個人か小集団でなければならない。

アップルの元CEO、ジョン・スカリーのことを知っている人は多いけれども、ジョン・スカルを知っている人はまずいないだろう。ジョン・スカルはアップル社内のDTP擁護派だった。時は一九八五年、ジョンはこの新生市場にアップルがどう取り組むかのカギを握る人物だった。

彼はいつどんなときもエンジニアリング、販売、トレーニング、マーケティング、PRなどアップルの各部門と協力してアルダスを支援した。同時にアルダスとも協力して、製品情報、ソフトウェアのコピー、企業顧客のニーズ分析などに関するアップルの要望に応えた。

さらに、彼はマスコミや専門家にDTPを宣伝して回った。社内外の関係者にとって、ジョンはまちがいなくミスターDTPだったのである。

DTPが失敗していたら、それはジョンのせいになっていただろう。成功したから、それは多くの人々のアイデアとされた（擁護派の運命とはそういうものだ）。そして、もしDTPが失敗していたら、今日のアップルはなかっただろう。ジョンのDTPでの成功から学べるのは以下の点だ。

▼それぞれの組織でキーパーソンを特定する　たくさんの組織がそれぞれ少しずつ時間を持ち寄る、そんなやり方では提携の成功はおぼつかない。

▼提携の成功を擁護者の唯一の目標にする　キーパーソンにとって提携以外のものは目に入らない。だから擁護者がエグゼクティブであることはめったにない。エグゼクティブにはほかにもやることがあるのがつねだから。

▼擁護者に権限を与える　提携を機能させるためには、組織内の部門や優先順位、縄張りを超越することが必要になる。ときにはあえて、やりたくないことをやってもらう必要もある。だからこそ擁護者には権限を与え、そのことを人々に知らせなければならない。ジョン・スカルのように、CEOと似た名前であることもひと役買いそうだ。

弱みをごまかすのではなく、強みをさらに強化する

アップルとDECの提携の三つ目の基本的まちがいは、それが弱みをもとに成立していたということだ。両社はその提供製品の根本的ギャップを埋めようとしていた。「おたくがうちの弱みを覆い隠し、うちがおたくの弱みを覆い隠す。そうすればうまくごまかしがきく」——そういう哲学だった。

もっとよい哲学は、双方の強みを際立たせることである。「おたくはこれができるので、うちがお手伝いしてもっとできるようにしましょう。うちはこれができるので、もっとできるように手を貸してください」

アップルとDECの例では、こんなふうになっていたはずだ。「アップルさん、おたくはすぐれたPCをつくられる。データ通信がもっと向上すれば、鬼に金棒ですよ」。「DECさん、おたくはデータ通信に対する理解が深い。使い勝手のよさでそれを一般大衆に広めることができたら、鬼に金棒ですよ」

一方、アップルとアルダスの提携は実際にそれぞれの強みを強化するものだった。アップルの強みはマーケティングリソース、販売員、トレーナー、全国規模の顧客ネットワーク。アルダスの強みはページ構成用のソフトウェアや出版に関する知識だった。

ウィンウィンの関係を結ぶ

製品、サービス、顧客、お金の流れを本当に機能させるためには、両方のパートナーが得をしなければならない。多くのパートナーシップは規模がまったく異なるふたつの組織のあいだに結ばれるので、片方だけが得をする関係になりがちである。

一九九〇年、ユナイテッド・パーセル・サービス（UPS）とメールボックス・エトセトラはウィンウィンの関係を結んだ。メールボックス・エトセトラは梱包、発送、受付、ファクス、コピーなどのサービスを店頭展開している。UPSは同社に約一一〇〇万ドルを投資した。互いのメリットは以下のとおりである。

✪UPSは顧客が簡単に荷物の発送、受け取りができる全国規模の店舗ネットワークを手に入れた。時間とお金を費やして自前のオフィスを開設しなくてもすんだ。

✪メールボックス・エトセトラはUPSの事業拡大を封じるとともに、自前のオフィス開設を決めていたら生じたであろうUPSとの競争を回避した。

多くの提携がアンバランスなのは必然の成り行きではない。大きいほうの組織が小さいほうに不利な取引を強要できる、ただそれだけの理由から生じる結果である。これはどちらのパートナーにも都合が悪い。

✪片方だけに有利な取引は長続きしない。抑圧が持続可能なシステムであったためしはまずない。

✪ミドル層やボトム層に提携を支持してほしければ、双方が勝ったと思わなければならない。

✪アンバランスな取引は人の道にもとる罰当たりな行為である。そして提携においては人の道こそが何よりも大切である。

新興企業にいるあなたは、たとえ条件がよさそうでも片方だけが得をする提携話には気をつけよう。うまくいくことはめったにない。大手企業にいるあなたは、ホルモンを抑制して双方が得をする提携をまとめよう。長く続くのはウィンウィンの関係だけなのだから。

文書でフォローする

理論的でない質問をひとつ。提携の全面的合意と、その詳細を記した法的文書では、どちらが先か？　私の偏見は想像がつくだろう。

多くの起業家は話し合いを進めるための「見せ金」として文書を送付する。つまり、提携候補先の巨大組織よりも自分たちのほうが抜け目がないという考え方だ。相手よりも機敏だから文書を作成する。それに、文書をつくれば相手はそこを起点に交渉を始めなければならない。彼らの思惑を起点にするのではなく――。

じつは、この方法はリスクが高い。文書というものは独り歩きするからだ。たとえば文書は、それが「話し合いの起点にすぎない」ことを知らされていない経営幹部、もっと悪くすれば弁護士（次項を参照）に直接回付されるかもしれない。文書が出回ると早計な警戒信号が出され、せっかくの交渉が頓挫しかねない。

もっとよいのは以下のようなアプローチだ。

①実際に会ってポイントを検討する。
②合意しだしたらホワイトボードにその内容を書きとめる。
③提携の「枠組み」を記した一～二ページのEメールでフォローアップする。
④Eメール、電話、フォローアップ会議などを通じて細かい点まですべて確認を終える。
⑤法的文書の草案を作成する。

多くの人がステップ①からステップ⑤へ一足飛びで行きたがるが、これはお薦めできない。文書はつねに話し合いのあとでなければならない。けっして先ではない。

弁護士には満を持してご登場願う

一部の人は、五〇を過ぎたら訴訟がセックスのかわりになる。

ゴア・ヴィダル

提携を確実に成就させない方法があるとすれば、それはあまりに早く法的助言を受けることである。弁護士の出番が早すぎると、提携しない理由が提携する理由よりも必ず多くなる。大切なのは取引条件に合意してから弁護士にご登場願うことだ。そして弁護士は、提携をぜひ実現させたい、そのための正しい法的枠組みを設定したいという人を選ぼう。

弁護士のなかには、おかしな取引が発生しないように監督してあげるのが自分の仕事だと考えている人が多い。彼らにとって取引とは、善であることがわかるまでは悪なのである。この手の弁護士は避けたい。探すべきは、自分の仕事は問題解決である、あなた、すなわちお客様へのサービス提供であると考える弁護士だ。

正しい弁護士を見つけたら、こういうふうに言おう。「これがやりたいことです。刑務所送りにならないようお力添えください」。たんに「これをやってもいいですか?」と訊くのとはわけがちがう。

「終了条項」を入れておく

Mazel tov《マゼルトフ》!（訳注：ヘブライ語で「おめでとう」の意味）。取引はほぼ成立した。全員が勝利しなければならないのだから、あなたとしてはパートナーがこの取引から抜けてもよいなんて考えたくもないことだろう。

直観に反するかもしれないが、契約には必ず終了条項を盛り込まなければならない。たとえばこんな具合に。「いずれの当事者も三〇日前に通知することで本契約を解除することができる」。なぜか。〈いつでも終われるのだから、どうしようもない状況に陥ることはない〉と両当事者が安心でき、かえって契約が長持ちするからだ。

こうした安全装置のおかげでみんながリラックスし、提携を機能させようと一生懸命努力することができる。最悪の場合は契約を終わらせればよい。それに、パートナーシップが「鉄板」でないほうが、関係者は思いきって革新的なことをやりやすい。

誤解なきように。なにも「一抜けた」がしやすい提携を薦めているのではない。それどころか、すぐれた提携の当事者は本気でリソースを投入するものだ。たんなる契約条件だからではなく、双方にとって重要だから抜けづらい、そんなパートナーシップでありたい。

ヘビに飲み込まれない

The Venture Imperative（『ベンチャービジネスオフィス』生産性出版）の共著者ハイジ・メ

イソンによれば、自分より大きな定評ある組織との提携は、「ヘビに飲み込まれて身動きできない」ようなものだ。話はまとまるかもしれないが、残されているのは山のような骨ばかり。だから、提携につきものの「うそトップ10」を知り、それを正しく解釈するのがとても大切である。

大組織の言い分	正しい解釈
「戦略的理由でこの提携を考えています」	この提携がなぜ重要なのかを彼らはわかっていない
「経営陣が熱望しています」	副社長が三〇秒ほど提案内容を聞いたが、まだノーと言う時間がない
「速く進めましょう」	だれもまだ法務部に話していない
「法務部は問題にはなりません」	法務部が大きな問題になる
「提携発表のタイミングを当社製品の新モデル発売に合わせたいと思います」	新モデルの発売が遅れるので、提携も遅れるしかない
「技術部門は提携を大歓迎です」	マーケティング部門は大反対である
「マーケティング部門は提携を大歓迎です」	技術部門は大反対である
「技術部門とマーケティング部門は提携を大歓迎です」	弁護士は大反対である
「技術部門とマーケティング部門、弁護士は提携を大歓迎です」	体をつねってみなさい。そんなの夢だ

「本プロジェクト成功のために部門を越えたチームをつくります」

だれも本プロジェクトの成功に責任を負っていない

付録6

人脈づくり術

問題はあなたが何を知っているか、だれを知っているかではなく、だれがあなたを知っているかです。

——スーザン・ロアン

お互いに知らない人よりも、あなたがすでに知っている人、もっと正しくいえば、あなたをすでに知っている人とパートナーシップを結ぶほうがずっとやさしい。こうした人脈づくりはシュムージング（schmoozing）と呼ばれる。

恥ずかしがり屋だとか、そういう行為は好きになれないとかいう理由でシュムージングに消極的な人、それではいけない。ダーシー・レザックはその著書 *The Frog and the Prince* のなかで、ネットワーキング（非へブライ語でシュムージングの意味）を次のように定義している。「他人に何をしてあげられるかを見つけること」

シュムージングの名手は、レザックのこの「何かお手伝いしましょうか」的な外向的姿勢を採用している。それが広範囲で長続きするコネクションを築くコツである。これを基礎にして、以下、もっとたくさんの人に自分を知ってもらうにはどうしたらよいかを伝授しよう。

✔外へ出る　シュムージングはコンタクトスポーツだ。家やオフィスにひとりでこもっていても始まらない。トレードショー、コンベンション、セミナー、カンファレンス、カクテルパーティーに無理をしてでも出かけよう。

✔的確な質問をして口を閉じる　シュムージングの名人は会話を独り占めしない。彼らはまず相手の関心を引く質問をし、それから聞き役に回る。シュムージングの名手は話し上手ではない。聞き上手である。聞き上手ほど魅力的な人間はいない。手始めの質問は「お仕事は何を?」で決まりだ。

✔フォローアップする　だれかと会ったら二四時間以内にフォローアップしよう。Eメールを送る。電話をする。自分の新刊本を贈る。メールや電話が殺到するのを恐れてアドレスや番号を教えない人もいるが、私の経験ではそれはない。フォローアップする人は珍しいので、すればまちがいなく、知るべき価値のある特別な存在になれる。

✔連絡しやすくする　皮肉にも、シュムージングの達人をめざす多くの人が、自分への連絡手段には無頓着だ。たとえば、名刺を持ち歩かない、名刺があってもEメールアドレスや電話番号を印刷していない。連絡先を教えたら教えたで、Eメールにも留守電にも応答しない。

✔たくさんの熱中を見せる　事業のことしか話せない人は退屈である。シュムージングの名手はいろいろなことに熱中している。そのメリットは、それを通して人脈がさらに広がることだ。

事業に役立つから何か趣味を始めなさい、と言っているのではない。たとえば、私はゴルフをするくらいなら貧乏するほうがましである。でも、ホッケーを通じて仕事上の人脈がたくさんできた。おまけに仕事を通じてホッケー仲間がたくさんできた。

あなたがホッケー好きでなかったときのために、人脈づくりに活かせる熱中テーマをほかにも書いておこう。アウディのクルマ、ブライトリングの時計、耳鳴り／メニエール病、ボクサー犬、養子の引き受け、ロンドン、デジタル写真、マッキントッシュ。これら八つで、私は世界じゅうのだれとでもつながることができる。

✔**情報をむさぼり読む**　熱中できるものがない哀れな人は、せめて情報をむさぼり読み、いろいろなことについて少しは話せるようにしよう。インターネットブラウザのホームページをグーグル・ニュースに設定しておくとよい（http://news.google.co.jp/）。

✔**情けをかける**　お天道様はあなたの行いを見ておられる（詳しくは第11章「気高き事業遂行の奥義」でふれる）。あなたが他人様にかけた情けをちゃんと勘定しておられるのだ。世界一流のシュムージング名人になりたければ、このポイントを大きく稼ぐようにしよう。つまり人助けをすることだ。とりわけ、自分の役には立ちそうにない人を助けるべし。しかも見返りを期待してはならない。いずれお天道様は気づいてくれるはずだから。

✔**お返しをする**　私は人の役に立ちたいと思うから、人から受けた恩にはもちろん報いたい。何かをしてもらったら、そのお返しをする道義的責任がある。シュムージングの名手は人の恩に報いる。それも喜んで。するとポイントが少しばかり加算されるだけでなく、さらに別のお願いがしやすくなる。

✔**お返しを要求する**　「え？」と思われるかもしれないが、人に恩をかけたらお返しを要求すべきである。そうすれば、相手は恩を受けて申し訳ないという気持ちから解放される。すべてがご破算になるわけだ。すると向こうも新しいお願いをしやすくなる。

付録7
Eメール利用術

この手紙は長くした。短くする時間がなかったので。

——ブレーズ・パスカル

Eメールはシュムージングの強い味方である。速いし、ただ同然だし、世界じゅうとやりとりできる。ところが、たいていの人がそれをうまく活用していない。Eメールの効果をアップさせてシュムージングの強力な武器にするための方法をお教えしよう。

✔件名と差出人名を修正する　スパムメールだと思われたら、あなたのメッセージは読んでもらえない。スパムフィルターに「おれのメッセージを排除するな」と言ってもどだい無理な話なので、ひと目見てスパムではないとわかるような件名を工夫しよう。

たとえば、「会議のフォローアップ」「素敵なスピーチでした」「コナでお会いできて光栄です」のほうが「いまならバイアグラがお買い得!」「売り上げを伸ばす」「ナイジェリアのファンド」にまさるのは言うまでもない。

それから、自分自身も宛先に加えて、「差出人」がどのように表示されるかを確認しよう。姓名の最初の文字が正しく大文字になっていなかったら、これも修正しよう。

✔二四時間以内に返信する　先にも述べたが、反応のよさは人脈を固めるうえで大事な要素だ。Eメールのテーマが新鮮なうちに返信する必要がある。受信トレイの下のほうに隠れたメッセージは忘れ去られることが多い。

✔すべて大文字にはしない　すべて大文字で書

いた文章は読みづらく、読み手を怒鳴っている印象を与える。少なくともそれは、あなたがEメールのことを何もわかっていない明らかな証拠である。無知はシュムージングの成功に貢献しない。

✔引用して返信する　受信メールのどの部分について答えているのかが相手にわかるように、該当箇所を引用したうえで返信する。みんな一日に何十ものメッセージを受け取るので、「了解です」だけでは不十分だ。

✔短く簡潔にする　ムダ口をたたかず、さっさと結論を言う。理想的な長さは五センテンス以内。言うべきことを五つの文で言えないとしたら、じつはさほど話すことがないのだ。

HTMLではなくテキスト形式にする。私はHTML形式のメールはすべてスパムと見なし、メールソフトに自動的に削除させている。大切な内容であっても、太字、縁取り文字、影付き文字、赤い文字、グラフィックを使う必要などない。

承認を得ていないかぎりファイルを添付しないこと。受信者が接続の遅いホテルの部屋にいるとしよう。そこへあなたから二メガバイトのパワーポイントファイルが送られてきたとしたらどうだろう？　いい気持ちになるはずがない。また、見知らぬ相手からの添付ファイルはたいがいウィルスだと判断される。

✔同報メールにはBCCを使う　概して、Eメールを送る相手が多くなればなるほど、応答する人は少なくなる。したがって、全員に送る必要があるか、または受信者の一覧を隠すべきかを再検討しなければならない。数名にEメールを出すときは、「うっかり返信」を防ぐため、また他の受信者にアドレスがわかるのを防ぐため、必ずBCCを使おう。

✔CCはなるべく使わない　人はEメールを必要としているか、していないかのどちらかである。「知っておいてもらえればありがたい」的なCCは中途半端で意味がない。そのほかにたちの悪い（しかも効果が薄い）CCの用法は、言い訳にする（「でもCCしたじゃないか！」）、脅す（「ほら！　上司にCCしたぞ」）など。私はCCされたら、ほかの人たちがその案件に対応してくれると見なして、無視を決め込む。

✔署名を入れる　「署名」とは、送信メッセージの最後にEメールソフトが自動的に挿入する数行のテキストのことだ。よい署名には、あなたの氏名または組織名、住所、電話番号、ファクス番号、Eメールアドレス、ウェブサイト情報が盛り込まれている。これはカレンダーやデータベースへのコピー＆ペーストにも便利である。だれかがあなたともっと連絡をとりたくて、この情報を探さなければならないというのはダメ。ちなみに私の署名は左上のとおりだ。

> Garage Technology Ventures
> 3300 Hillview, Suite 150
> Palo Alto, CA 94304
> 650-354-1854
> 650-354-1801 (fax)
> kawasaki@garage.com
> www.garage.com

✔おもしろいメールを転送しない　たぶん相手も同じものを一〇回は受け取っている。おもしろいメールをあなた自身が作成するのであれば、エールのひとつも送ろう。でも回ってきたものを転送するだけなら、受け手のことを考えて遠慮しよう。

✔不機嫌なときは待つ　ふつうは二四時間以内に返信しなければならないが、最低でも二四時間待ってから返信すべき場合がひとつだけある。虫の居所が悪いとき、相手に議論をふっかけたいときだ。こういう気持ちのときに書いたメールは問題を悪化させがちだから、返事を遅らせよう。話がこじれたときはむしろ電話のほうがよい。Eメールでは感情や微妙なトーンが伝わりにくいから。

FAQ

Q1 提携とは対等、ウィンウィンの関係であるはずですから、打ち合わせの設定、プロセスの推進、社員の協力などなど、向こうも歩み寄るべきではないでしょうか?

A1 「するべき」と「する」は大ちがいです。相手も歩み寄るべきだというのはそのとおりですが、実際に相手が歩み寄ることはないでしょう。提携であれ販売であれ、なんらかの取引を実現させたければ、それをめざして奮闘努力しなければなりません。向こうも電話なりしてこいというのは一理ありますが、それを待ってばかりもいられません。もう一度電話しましょう。たぶん相手が二割、あなたが八割の努力を担わなければなりません。メンツは捨てることです。

Q2 その分野で名の通ったお偉方は新参者を嫌う傾向があるようです。私などそのアイデアにふさわしくない、あちらのほうが経験が長いので資格はたっぷりあるとでも言いたげです。提携候補先のこのような態度をどうすればよいでしょう?

A2 別の提携先を探しましょう。

Q3 提携相手のほうが規模が大きく有名でお金も持っている場合、どうすればいじめられずにすむでしょうか？

A3 力こそ正義と考えてはなりません。少なくともそう思わせるように行動してはなりません。巨象だってあなたの製品・サービスを必要としないとはかぎらないのです。対等な立場で渡り合いましょう。もし向こうが不平等な態度をとるようなら、しかもそれが変えられないようなら、提携しないことです。

Q4 いくつかの提携はもう行き詰まっています。これを機能させるためにお金と時間を費やすべきですか、それともいっそやめてしまうべきですか？

A4 医学の世界にこういう言葉があるそうです。「死臭を防ぐことほど大変で、そのくせ無意味な仕事はない」。うまくいっている提携、うまくいきそうな新しい提携に労力を集中させてください。ただし、新しい提携話に乗り出す前に、前の提携がなぜ失敗したのかを分析しましょう。

推薦書籍

- Rezac, Darcy. *The Frog and the Prince*
- RoAne, Susan. *The Secrets of Savvy Networking*

第9章

ブランド構築の奥義

最強のブランドは最初から強いブランドの構築をめざすのではない。強い――そして儲かる――製品・サービスと、それを支えることができる組織づくりを重視するのである。

スコット・ベドベリ

起業の要諦9

「ブランド学」には主にふたつの学派がある。一方は、ブランディングとはマーケターが扱う理解不能なまじないであるとする。もう一方は（私はこちらに属するが）、ブランディングとはマーケティングでおなじみの四つの「P」――製品（Product）、場所（Place）、価格（Price）、プロモーション（Promotion）――をいかに組み合わせるかというシンプルな問題であると主張する。

ここにもうひとつのP、「祈り（Prayer）」を加える人もいる。大きく外れてはいないけれども、私は別のPを選びたい。「改宗（Proselytization）」、すなわち人々を自分の信念や教義に転向させるプロセスである。

今日のように情報が無料で瞬時に方々へ行き渡る、そんな競争の激しい世界では、この改宗活動（伝道活動といってもよい）が新興組織のブランディングの肝となる。ブランド構築に必要なのは、人々に伝染しやすいこと、人々が試しやすいこと、口コミを重視すること、そしてブランドをめぐるコミュニティを築くことである。

私はマーケティングが大好きだが、「すぐれたブランドはまずすぐれた製品・サービスから」というわけで、われわれもそこからスタートしよう。

伝染性を持たせる

それを私は「ガイのゴールデンタッチ」と呼ぶ。私がふれるものはすべて金になる、などとうぬぼれるつもりはない。むしろもっとシンプルかつ謙虚に、「金であるならガイはなんでも手をふれる」のだ。

ここにブランディングの極意がある。〈金である製品・サービスに合わせよ、さもなくばそれが金になるまで高めよ〉。そうすればブランディングの成功は必至とは言わないまでも容易である。競合製品が見るに耐えない退屈な代物だった一九八四年に、マッキントッシュのブランディングがどれくらい難しかったと皆さんはお考えだろう?

金に相当するものを手にしていれば、失敗も多いかもしれないが、いずれ成功できる。金がなければ、ほぼすべてをうまくやりおおせなければならない。だから肩の力を抜いて、本質的に伝染しやすい製品・サービスを創造または発見しよう。伝染性のカギとなるのは以下の要素である。

▼**クール**　クールとは美しいこと。クールとはカッコいいこと。クールとはほかにないこと。そしてクールとは伝染しやすいことだ。わざとクールでない製品・サービスをデザインする会社などまずないのに、いまなお退屈きわまりない品があとを絶たない。iPodほどクールなMP3プレーヤーを生み出したのが、なぜアップルだったのか?

▼**有効**　がらくたのブランド構築はできない。機能しないもののブランディングは無理である。好きなテレビ番組がらくらく録画できなければ、だれもTiVoなんて聞いたことがなかっただろう。

▼**独特**　伝染しやすい製品は目に入りやすく、それ自体が宣伝になる。競合製品と同じではないかと疑う余地がない。ハマー(訳注：軍用車に近い大型SUVのブランド)とほかのクルマをまちがえる人がいるだろうか?

▼常識外れ　伝染しやすい製品は常識外れである。現状に混乱をきたすか（「まずい、こっちのほうがスグレモノだ」）、拒否反応をもたらすか（「グラフィカルユーザーインターフェースなんてだれが使うものか」）のどちらかだ。でも人々は感染しないわけにいかない。

▼感動的　伝染しやすい製品・サービスは期待を上回る。期待を上回るので、消費者はうれしくなる。わが家のミーレの掃除機がそうだ。吸引力（suck）はすごいのにやかましくないから驚かされる（人間はその逆だ。くだらない《suck》輩ほどやかましい）。

▼深い　伝染しやすい製品・サービスは「持続性」がある。使えば使うほど、その能力がわかってくる。またTiVoの話だが、CMを飛ばしたければSelect→Play→Select→30→Selectの順にボタンを押すとよい。すると番組の最後へジャンプするためのボタンが三〇秒スキップになるのだ。

▼贅沢　伝染しやすい製品・サービスを買うと、好きなだけ贅沢をした気分になる。これはたぶん別の製品よりも高いから、クールだから、あるいは実際に必要とする以上のものだから。こうしてわれわれは俗世から逃れることができる。たとえばミーレのうたい文句は、「ほかはどれも妥協の品」である。

▼サポート　みごとなサービスを提供すれば製品・サービスは伝染しやすくなる。私は以前、耳の治療用の医療器具を壊してしまったことがある。メーカーのメドトロニック社は代替品を宅配便で無料送付してくれた。また、壊れた品を受け取ったその日のうちに

修理、発送してくれた。やはり無料で。しかもその日は祝日だった。さらにとどめとして、同社は修理担当者の氏名、Eメールアドレス、デジタル写真を納品書に添付した。責任感と人間味を感じさせる大胆な試みではないか。同じような耳のトラブルをかかえる人に私がこの製品を薦めないはずがない。

【練習問題】次回どこかの会社の技術サポートを受けたとき、担当者の氏名、Eメールアドレス、写真を請求せよ。

障壁を低くする

イノベーションが有効であるためには、シンプルでなければならない。的をしぼらなければならない。やることはひとつだけ。さもないと混乱を招く。シンプルでなければ、うまくいかない。

ピーター・F・ドラッカー

採用障壁を低くする——これは本書でもたびたびくり返してきたテーマだ。事業を大きくするためのこの秘訣はブランディングにも当てはまる。製品・サービスが普及すればするほど、ビッグブランド構築の可能性は高くなる。

中国の昆明製薬という会社が反面教師である。同社は子どもが開けられないアスピリンボトルをつくろうと決意。そこで可動部が一三あり、三九のステップを踏まないと開けられないボトルを開発した。さらに安全性を増すため、半年ごとにデザインを変更した。問題は本来の顧客層もボトルを開けられないことだった。皮肉なことに、このアスピリンを買った大人はそれをパズルとして子どもに与えていたのである。

新興組織がいちばん築きやすい障壁（たとえ無意識であったとしても）は「複雑さ」である。たしかに、ボトルの安全性ゆえに中国人の一パーセントがそのアスピリンを買ってくれれば、かなりの売り上げを達成できるだろう。しかし、製品の使い方（あるいはボトルの開け方）を知るのに時間がかかりすぎると、ブランドを築くのはますます困難になる。

わざわざ複雑で使いにくい製品・サービスをつくる企業などそうはない。でも、インターフェースがさっぱり理解できない製品がこれほど多いのはなぜか？　たとえば日本の家電メーカーがつくる製品はたいていそのクチだ（しかも、四ポイントのグレーの字で印刷された判読しづらい片言英語のマニュアルがつくから、いっそうたちが悪い）。

複雑さを減らすには以下の方法がある。

▼学習曲線をフラットにする　顧客はマニュアルなど見なくても「箱から出してすぐに」

基本機能を会得できなければならない。クルマを買ったが、マニュアルを読まないとラジオをつけられない、チューニング変更もボリュームアップもままならないとしたら、どうだろう? デザイナーにはこの点を守らせること。マニュアルを開かなくてもただちに顧客に満足してもらう必要があると。

▼すぐれたマニュアルを作成し、緻密な索引をつける　製品やサービスのマニュアルというのはたいがい、組織の底辺にいる薄給の担当者が間際の間際になって作成するものだ。吟味されることはないし、小さな活字で時代遅れのイラストを使ってレイアウトされる。

マニュアルはマーケティングの絶好の機会である。それは製品・サービスの真髄にふれる「窓」なのだ! マニュアルがよければよいほど、ユーザーは製品・サービスを気持ちよく利用できる。すると口コミブランディングにも有利に働く。

マニュアル作成が最下層の業務だとすれば、その索引づくりは地下業務だといってよい。顧客が望むであろうありとあらゆる可能性を考え、それを索引に必ず盛り込むようにしよう。

▼写真を使う　マニュアルについてもうひとつ、それは写真や図表を使うことだ。コストが上がるかもしれないが、それだけの価値はある。すべてのユーザーが文章依存とはかぎらない。百聞は一見にしかずというではないか。

【練習問題】顧客にあなたの製品・サービスのわかりやすいマニュアルを書いてもらうというコンテストを開催せよ。すぐれたマニュアルをつくるエバンジェリストが何人か見つかるはずだ。

▼父母に試す

年齢差別と思われるかもしれないが、新しい製品・サービスの究極のテスト法は両親が使えるかどうかを確認することだ。両親が健在でないときは、四五歳以上の人ならだれでもよい。

一〇代の若者に試してはならない。彼らはなんでもお見通しだから、その意見は参考にならない。お金のかからない口コミブランディングをお望みなら、ただのヒトが理解できるユーザーインターフェースづくりに時間と労力を費やそう。

複雑さに加えて、価格の高さもブランド構築の障壁になる。これを避けるため、トヨタは高級車レクサスの発売にあたって、競合するドイツ車よりもずっと値を下げた。安いから保有者が多くなる。保有者が多いからうわさになりやすく、そのよさが広まりやすいわけだ。

価格で張り合い、本来得られるはずのお金をむだにするのは、個人的にはごめんこうむりたい。だが、顧客から搾り取れるだけ搾り取るというのが立派な哲学ではないのも事実だ。ブランド創出を促す妥当な価格こそが、のちに大きなリターンを生むことになる。

【練習問題】　トヨタとロールスロイス、どちらの会社を所有したいか？

よくある採用障壁の最後、それは既存製品からあなたの新製品への乗り換えコスト（お金、時間、手間）である。あなたの製品・サービスが安価で使いやすかったとしても、そちらへ乗り換えるのに骨が折れるようではブランド構築は難しい。

ブランディングは別にしても、乗り換えをできるだけラクにするのはとても意味がある。既存製品から自分たちの製品への乗り換えをわざと困難にする企業はないだろうが、乗り換えコストを下げるのがすぐれたマーケティング手法であることに気づいている企業もほとんどなさそうだ。

さらに、あなたはこう考えるかもしれない。自分たちの製品からの乗り換えを難しくするのも一案だと。たしかに顧客を固定する手段ではあるが、出るときの障壁はすなわち入るときの障壁でもある。あなたの製品から他の製品へのスイッチを難しくすれば、そもそも人々はこわくてあなたの製品を試せなくなる。

エバンジェリストを雇う

エバンジェリストはあなたと同じくらいあなたの製品・サービスにほれこんでいる。あなたのために、あなたとともに闘ってくれる。エバンジェリストを雇えば、持続的、継続的で低コストの改宗活動とブランディングを通じてクリティカルマス（製品・サービスが一気に広まる分岐点）に達する助けになる。政治、非営利団体、学校、教会にかかわっているなら、エバンジェリズムはとくに強力なツールとなる。

ことエバンジェリズムに関しては、「求めずば得られず」は正しくない。製品、サービスまたはアイデアが伝染しやすく、それをめぐる障壁が低ければ、求めずとも得られることがままある。だが、いざ求めれば、もっとたくさんの成果をもっと速く得ることができる。それなのに、助けを求めることに多くの企業が二の足を踏む。次のように考えるからだ。

✪「助けを求めたら、われわれは弱いと思われてしまう。マイクロソフトのような強い会社は顧客に助けを求めたりしない」
✪「助けを求めたら見返りを期待される。割引とか特別待遇とか。そのときはどうする？」
✪「お客さんはありがたい存在だけれども、彼らにわれわれを助けるのは無理だ。やるべきことはわかっている。自力でなんとかする」
✪「特別のサポートプログラムを組むにはお金がかかりすぎる。取り組みが分散してしまう」

こうした理由はどれもいんちきだ。顧客があなたを助けたいと言うなら、喜びこそすれ、それを固辞すべきではない。妙な被害妄想を抑えて申し出を受け入れよう。その顧客はエバンジェリストとなって、あなたのとっておきの話を広めてくれるだろう。

エバンジェリスト採用の基本原則を以下に掲げた。第6章（「人材採用の奥義」）との類似点にいくつか気づかれるはずだ。それは偶然ではない。ある意味、「従業員」を採用することになるのだから。給料を払う必要のない従業員を――。

▼助けを請う！　早い段階からの優良顧客に助けを請おう。クリティカルマスに達したい、うわさを広めたいと伝えよう。これは弱さのしるしではない。率直さと積極さのしるしである。「はい喜んで。頼まれるのを待ってました」と答える人が多いことにあなたはびっくりするだろう。

▼学歴や職歴は気にしない　とても理論的に考えれば、ソフトウェア製品の最良のエバンジェリストはマサチューセッツ工科大学でコンピュータサイエンスの博士号を取った人間ということになる。でもこういう考え方はやめておこう。エバンジェリズムに関しては実績など意味をなさない。マッキントッシュの最高のエバンジェリストたちは、それまでコンピュータを一台たりとも買ったことがなかった。

▼大切なことだけにフォーカスする――製品にほれこんでいる人物か、手を貸したいと思っている人物か？　たとえば私のように、二〇年前にはコンピュータの授業など受けたこ

とがなく、その当時の仕事はダイヤモンドの営業という男がいたとする。新しいオペレーティングシステムの普及活動に彼はふさわしいだろうか？　ふり返れば、何よりも大切だったのは私がマッキントッシュをとても気に入っていたこと、それを使って世界を変えたかったことだ。

▼一〇〇人なら一〇〇人に好きなようにやらせる　これも本書でくり返しているテーマだ。エバンジェリストがどのように手を貸してくれるか、そのことについて選り好みしてはならない。あなたの製品・サービスを見せたら、あとは好きなように貢献してもらおう。あなたには考えもつかなかった売り方を教えてくれるはずだ。

▼仕事を与えて成果を待つ　ある組織の手伝いをボランティアで買って出たが、一度も実施要請を受けない――そんな経験がおありだろうか？　やりたくない仕事を頼まれる以上につらいことがあるとすれば、それはやりたい仕事を頼まれないことである。エバンジェリストに名乗りをあげたということは、彼らは「大義」のためにサインしたのだ。今度はあなたが彼らを上手に利用する番だ。

▼「愛情」を注ぎつづける　効果的なエバンジェリズムのお手本は親子関係である。親ならみんな言うだろう。子どもはいつだって子どもだと。本当の意味で巣立つことはないし、親のほうも子どもを追い出したりしない。エバンジェリストもしかりである。彼らは絶えざる永遠の愛を必要としているのだ。

▼伝道の道具を与える　大量の情報と販促資料を提供して、信者たちがあなたを手助けしやすいようにしよう。たとえばボーズ社は、「QuietComfort 2 Acoustic Noise Cancelling ヘッドフォン」ケースのなかに一〇枚の「優待カード」を入れている。オーナーがこのヘッドフォンについて質問を受けたとき、その質問者に手渡せるようにという配慮である。カードには問い合わせや購入申し込みの方法、もっとカードがほしいときの連絡先が書かれている（いずれもフリーダイヤル）。

▼希望に応える　エバンジェリストの要望に応じて製品・サービスを修正しなければならない。理由はふたつある。第一に、彼らこそどうすれば製品・サービスがもっとよくなるかを知っているから。第二に（これも同じように大事なのだが）、あなたに聞く耳があるとわかれば、彼らはいっそう忠誠を尽くし、熱心に手を貸してくれるからだ。

▼プレゼントをする　無料のTシャツ、マグカップ、ペン、メモ用紙などの力はばかにならない（アップルはある年、Tシャツに年間二〇〇万ドル使っていた）。エバンジェリストはこういう品物が大好きだ。自分もチームの一員で特別な存在なんだ、と感じられるから。お金はこんなふうに使いたい。ただし二五ドルを超えるものは厳禁。たとえばモンブランの万年筆はいきすぎだ。むだ遣いと思われる。

エバンジェリスト候補の顧客がうまく採用できたとしよう。彼らに何を頼むべきか？　それが次のテーマである。

コミュニティを築く

一九九〇年代後半、実業家や地域のリーダーたちが集まって「カルガリー・フレームズ・アンバサダーズ」という組織を立ち上げた。彼らはカナダのアイスホッケーリーグに属するフレームズのファンで、このチームが別の町へ移転するのではないかと警戒を強めていた。グループの代表ライル・エドワーズによると、「私たちはカルガリーじゅうを走り回ってチケットを買ってもらいました」。

二〇〇四年ごろには、グループのメンバーは五〇人になった。もうチケット販売を手伝う必要はない。アンバサダーズに入りたければ、シーズンの通しチケットを買い、組織に一〇〇カナダドルを払わなければならない。そう、このエバンジェリストたちは、フレームズの布教活動をするという特権にお金を払っている。試合でファンを出迎え、地域への働きかけを行い、親睦イベントを開くのである。

エバンジェリスト採用のねらいは、製品・サービスをめぐるコミュニティの構築である。コミュニティがよく知られた企業にはアップル、ハーレーダビッドソン、モトリー・フール、サターンがある。これらのコミュニティは顧客サービス、技術サポート、顧客どうしの交流機会を提供する。製品の所有、サービスの利用がさらにすばらしい体験となるように。製品やサービス、チケットの売り込みをかけることもある。

驚いたことに、ほとんどの企業はコミュニティが出現してから反応を示す。たとえばこんな具合だ。「聞いたことがありません……当社製品がもとで集まったお客さんたちがいる、とそういうわけですか?」

これはもったいない。なかには自発的にコミュニティを創出して、その恩恵にあずかっている企業もある。あなたもひとつチャレンジしてみようではないか。

▼製品・サービスの「雷竜」を探す あなたの製品・サービスに最も熱を上げ、リーダー的役割を担ってくれる顧客のことだ。

▼コミュニティ構築の専任者を雇う コミュニティに必要な手続きを推進してくれる内部担当者である。エバンジェリストを教育し、内部資源を確保する。コミュニティづくりに成功したあかつきには、この人を中心にひとつの部門をつくり、コミュニティサポートを制度化しよう。

▼コミュニティサポートの予算をつける たくさんはいらない。コミュニティを「買う」ためのお金ではないから。とはいえ、コミュニティが会合を開き、ニュースレターを印刷、配布し、オンラインでの存在感を維持するための予算は必要だ。

▼販売・マーケティング活動やオンライン情報にコミュニティの存在を組み込む たとえ

ば、ウェブサイトではコミュニティに関する情報（参加方法も含めて）を提供すべきである。

▼**コミュニティの活動を支援する**　メンバーが会合を開くさいにあなたのオフィスを使わせてあげるだとか、デジタル面で援助してあげるだとか（あなたのウェブサイトでEメールリストサーバ、オンラインチャット、掲示板を運営するなど）を指す。

▼**カンファレンスを開催する**　私ほど電子コミュニケーションを愛する者はいないだろう。でも、コミュニティにとっては直接会うことが大切だ。カンファレンスの場では、メンバーがお互いに顔を合わせるほか、あなたの従業員とも交流することができる。

顧客やエバンジェリストのコミュニティを築くというのは、ブランドを創出、維持するうえで最も安上がりな方法である。だから、コミュニティがひとりでにできるのを待つなんてヘマはやらないように。

人間味を出す

偉大なブランドをいくつか思い浮かべてほしい。アップル、コカ・コーラ、リーバイス、ナイキ、サターン。いずれも人間味がある。アップルのファンキーさ、コカ・コーラの喜び、リーバイスの若々しさ、ナイキのきっぷのよさ、サターンの親密さ。

もちろん、こうした特性とは無縁の偉大なブランドもある。マイクロソフト、オラクル、ＩＢＭなどなど。私をロマンティストと呼ぶなら呼ぶがいい。でも、温もりのあるブランドのほうがなんだかよくないだろうか？　そのほうが楽しくもある。もし賛同いただけるなら、以下、これをどう実現すればよいかを参照されたい。

▼若者をターゲットにする　製品・サービスを実際に購入するのがだれであれ、若者をターゲットにすると温かみのあるブランドをつくらざるをえない。これを裏づけるデータはないけれども、最初は若者向けだった製品を多くの年配者が買っているように思えてならない。たとえば、頭の薄くなったおじさんたちがどのくらいトヨタ・サイオンやＰＴクルーザー、ミニクーパーを運転しているか調べてみるとよい。

▼自分自身を笑い飛ばす　たいていの企業は自社についてユーモアのセンスを発揮することができない。そんなことをしたら自殺行為というわけだ。「自分たちのことをまじめに考えなかったら、お客さんがわれわれのことをまじめに受け取ってくれない」。あるいは、みずからのイメージにとらわれすぎて、自己制御できないと思われるのがこわい。「過ちを犯すのが人」と古くから言うではないか。過ちを恐れず、それをむしろおもしろがろう。

▼顧客を主役にする　マーケティング資料に顧客を登場させる会社は人間味を感じさせる。

たとえば、サターンは販促資料に自社のクルマのオーナーを登場させる。そのうえウェブサイトには「マイストーリー」というコーナーがあり、顧客がそれぞれのサターン体験を語っている。

▼恵まれない人たちに手を差し延べる　恵まれない人たちを支援する組織は人間らしさを伝えることができる。たとえば、ホールマークはたくさんの地域活動に資金を提供し、ボランティアを派遣している。同社のウェブサイトでは、そうした援助の申し込み方法がすぐわかるようになっている。これは二重の効果がある。地域社会への道徳的責任を果たすだけでなく、ブランドの効能をいっそう高めることもできるのだ。

【練習問題】　お気に入りの企業のウェブサイトで、助成金を申し込んだり、ボランティアに志願したりするにはどうすればよいかを探してみよ。

パブリシティを重視する

カリフォルニア州イーストパロアルトにイケアの店舗がオープンする数週間前から、地元住民はその華々しいデビューにまつわる話をいくつとなく目にしていた。たとえば、二〇〇三年八月一四日付「サンノゼ・マーキュリー・ニュース」のタイ・ウォーカーによる記事は次のように始まる。

イケアの買い物客に救いの手
オープン当日の交通事情に市をあげて備え

二・五マイル四方の町に、八〇〇〇台のクルマに乗り込んだ一万六〇〇〇人の買い物客が殺到――それはイーストパロアルトの地平線を飾る、例の巨大で真っ青な店舗がいよいよオープンする日のことだ。

地元紙を読むか、ラジオを聞くか、テレビを見るかしていた人なら、イケアがイーストパロアルトに新しい店舗を出すことを知らないなんてありえなかった。それはとてつもなく大きなイベントだったのだ。

イケアのようなブランドは広告で成り立つものではない。広告はブランドの維持、拡大には役立つかもしれない。でも、それを打ち立てるのはパブリシティである。

マスコミ、報道陣を引きつけるための基本コンセプトを掲げてみよう。

▼うわさを立てて報道させる　たいていの組織は報道がうわさを生むと思っている。すると読者が顧客になりたがると。これは逆である。実際はこうだ。まず、あなたが何かす

ごいものをつくり出す。そして障壁を低くして、これを人々の手に行き渡らせる。すると彼らがうわさをするようになり、それをマスコミが記事にするのである。

▼転ばぬ先の「友」を実践する　私がアップルに勤めていたころ、マスコミは始終この会社の幹部にインタビューしたがった。それほど話題の会社だった。こういうふうにちやほやされると、どうしても「ニューヨーク・タイムズ」「ウォールストリート・ジャーナル」「フォーブス」といった有力どころを重視したくなるものだ。

私自身はむしろ、聞いたこともないような新聞や雑誌の記者に肩入れしようとした。何年かたったいま、こうした記者たちは有名どころで働いており、当時の私の態度を覚えていてくれる。転ばぬ先の「友」――それも「友」があなたの力になるかどうかわからないうちから友情を結ぶことが大切だ。

▼ショットガンではなくライフルを使う　知り合いの記者によると、ニュースルームを「ショットガン攻撃」する企業が多いらしい。どういうことか。報道部門の記者という記者が、宣伝用資料や「驚くべき新製品」に関するEメールを受け取るというのだ。このやり方がうまくいくことはめったにない。資料やEメールを送っても、受け手のほぼ全員にとって無関係だからだ。

まずは、自分の話が相手のマスコミにふさわしいかどうかを判断しよう。あなたには魅力的に思えても、相手にはそうでないかもしれない。「コンピュータワールド」で特集を担当するミッチ・ベッツは、連絡をもらうとすればだれからがいいか述べている。「ゼネラルモーターズ、ウォルマート、アマゾンなんかのCIOが関心を持てば、われわれも関心を持つよ」。そういうことだ。

次に、あなたの分野をカバーしているのはどの記者かを見きわめよう。たとえば、アート担当の記者に新しい企業のソフトウェアパッケージを売り込んでも実を結ばない。

第三に、あなたの話がひとつの重要な条件を満たすときにだけ、その記者に売り込みをかけよう。そう、「読者のためになるか？」である。「自分の組織のためになるか？」ではない。信じる信じないは自由だが、刊行物というのは読者のためにある。あなたのマーケティングの手段として存在するのではない。

▼どんなときも友情を保つ　多くの組織は万事順調で報道してほしいときは記者連中にすり寄るのに、状況が悪くなったりあわただしくなったりすると、電話やEメールに返事もしない。状況がどうあれ、マスコミとよい関係を保たなければならない。

▼本当のことを言う　状況が悪くなると、マスコミに適当なうそをついてごまかしたくなるものだ。これはいけない。信頼が築かれるのは不調なとき。好調なときではない。順風満帆のおりにはだれだって本当のことが言える。調子が悪いときに正直でいられればこそ、調子がいいときにマスコミはあなたを信用してくれるのである。

▼情報源に徹する　場合によっては、あなたの話は載せる価値などないかもしれない。記

事になったところで、あなたの組織に言及してもらう余地はないかもしれない。そのときはそのときだ。粛々《しゅくしゅく》と情報を提供し、記者がよい記事を書く手助けをしよう。いつか番が回ってくる。

実行を言葉にする

ヒドゥン・ヴィラはカリフォルニア州ロスアルトスにある一六〇〇エーカー（約六四七万平方メートル）の自然農場。環境意識や多文化理解を促すために、ジョセフィン&フランク・デュヴェネック夫妻が北カリフォルニアの人々に贈った土地である。サマーキャンプ、環境教育、地域活動、ユースホステル宿泊、有機農業などのプログラムがある。

早い話が、ヒドゥン・ヴィラは「有言実行（walk the talk）」である。地域社会のために途方もない意義を見出し、その目標を果たしている（これと正反対なのが世間一般の企業や組織のあり方だ。口は達者なくせに結果が伴わない）。しかし、ヒドゥン・ヴィラは気がついた。従業員や幹部が自分たちの農場を簡潔かつ説得力あるかたちで宣伝する手段がないと。

そこで彼らは「実行を言葉に（Talk the Walk）」というプログラムを創設し、その一環としてヒドゥン・ヴィラを説明する短い言い回しがいくつか考えられた。そしてこれを用いて、スタッフや幹部は現場を離れたところでロールプレイングを行った。いまや全員が、ヒドゥン・ヴィラのイベントに参加しているときでも、スーパーで知り合いに出くわしたときでも、自分たちの活動を言葉にすることができる。

ブランディングの出発点はあなたの組織のなかにある。従業員のすべてが「実行を言葉に」できるよう、そして熱心に伝道活動ができるようにしたいものである。

付録8 話術

言うことがある人はそれを言えず、言うことがない人が話しつづけるのはなぜだろう？

——作者不明

「売り込み」とはふつう、相手先のオフィスで開かれる小規模な非公式会議で、投資家、顧客、パートナーの候補者にプレゼンテーションすることをいう。売り込み以外にも、スピーチをしたり、カンファレンスやセミナー、業界イベントのパネルディスカッションに加わったりする機会があるだろう。これらは組織の認知を高める絶好の手段である。

その目的は資金を調達することではなく（よいスピーチをすれば投資への関心を促すことはできるけれども）、組織の認知を高め、ブランドを築くことである。私は何十何百というエグゼクティブがスピーチをしたりパネルディスカッションで発言したりするのを見てきたが、ほぼ例外なく、なってない。それは以下の理由による。

- ✔エグゼクティブが裸の王様であることを指摘するだけの知識、勇気、能力を持った取り巻きがいない。
- ✔エグゼクティブは自己中心的である。自分を買いかぶっているので、「私は彗星のごとく登場した超一流スピーカーだ」という思い込みが抜けない。
- ✔エグゼクティブは多忙なので練習時間がない。もっと正確にいえば、練習に時間を割かない。練習の必要はないと言い張り、その時間もないとすれば、これは命取りだ。

まず、効果的なスピーチの原則から。演壇を独占できるのだから、これほどのチャンスはない。まとまった時間をほぼ思いどおりにできるわけだ。

✔興味を引く話をする　これは当たり前なのに、けっこう顧みられない点である。興味を引く話がないのなら、しゃべらなくてよい。しゃべらなければ、あなたがスピーカー失格ということも悟られない。しゃべれば明々白々になる。後者より前者のほうがよい。

✔正装する　売り込みのときとは逆に、軽装より正装のほうがよい。カジュアルな服装だと、聴衆は「あんた方なんてたいしたことないからこれで十分だ」と言われている気がする。きちんと着飾れば、最悪でも「専門家然としすぎだ」くらいの評価でおさまるだろう。

✔セールスは慎む　人々は情報がほしいからスピーチを聞きにくる。露骨な売り込みを期待しているわけではない。論理的かどうかはともかく、スピーチがうまいと製品・サービスもよいと聴衆は考える。中身の濃い適切なスピーチをすれば、彼らは買ってくれるかもしれない。セールスをしたら買ってくれない。

✔ストーリーを語る　人によっては、おもしろいスピーチをするのはマイクロソフト・ウィンドウズのアップグレードより難しい。すぐれたスピーカーは何かを主張するだけにとどまらず、ストーリーを語る。言いたいポイントを伝え、それを例証するためにストーリーを語る、そのくり返しである。

✔事前に聴衆と交わる　私は年に五〇の基調講演をこなすが、聴衆のなかに知った顔がいるとすごく心強い。なじみの顔が何人かいるだけで、自信をもって思いきったスピーチができる。できれば、あなたのジョークに最初に笑い、あなたの洞察にうなずき、あなたのパフォーマンスに喝采を送る友人を何人か雇っておこう。

✔子どもの話をする　聴衆に慕われる確実な方法があるとすれば、それは自分の子どもについて話すことだ。子どもがいなければ、親戚の子ども、友だちの子ども、あるいは自分の子ども時代の話でもいい。子どもの話を喜ばない聴衆を私は見たことがない。

✔自分をおとしめる　聴衆を味方につけるもうひとつの方法は、自分自身をちゃかすことだ。緊張しているなら、緊張してますと口にしよう。ほとんどの聞き手が共感してくれるだろう。自分をちゃかすところがひとつも見つからないとしたら、あなたはとことん退屈な人か、とことん中身がないかのどちらかだ。

✔イベントの最初にしゃべる　選べるならカンファレンスの初日に話をしよう。観客も活力にあふれているから、スピーチをするにはもってこいだ。最終日ともなると、多くの人は脱落し、残っている人もたぶんガス欠状態。だから、彼らを覚醒させるのに時間を費やさなければならない。そうでなくても、よいスピーチをするのは難しいのに。

✔小さめの部屋を頼む　できれば人がいっぱいの小さな部屋で話をしたい。聴衆の活気は席がどれだけ埋まっているかの関数であり、お客さんの絶対数とは関係ない。たとえば、定員二五〇人の部屋に二五〇人いるほうが、定員一〇〇〇人の部屋に五〇〇人いるよりもずっといい。小さな部屋が無理なら、劇場スタイル（いすだけ）ではなく教室スタイル（机といす）のレイアウトをお願いしてみよう。

✔それまでにイベントで起こったできごとを知っておく　最初にしゃべれと薦めるのは、このためでもある。自分より前に何があったかを知らなくてもすむというわけだ。いや、あなた自身がその「できごと」になることだってできる。

でも、もし最初のスピーカーでなければ、自分の前のセッションに顔を出すか、せめて主催者に、何かとてつもなくよいこと、悪いこと、おもしろいことが起こらなかったかを尋ねよう。そして、この事件をスピーチに織り込むのである。ふたつの効果がある。①このスピーカーは場所に応じて話の内容をアレンジしているぞ、という認識が高まる。②みずからも見学するほどこのイベントを大事にしている、ということが伝わる。

✔**競争相手をけなさない**　スピーチとは特権であり名誉である。あなたの義務は聴衆に情報を提供し、聴衆を楽しませることだ。ここは競争相手をこき下ろす場ではない。そんなことをすれば競争相手どころかあなたにマイナスとなり、ねらいとは正反対の効果が生じるだろう。

✔**練習する**　だいたい、スピーチは二五回目でよくなる。二五回練習する人、二五回同じスピーチをする人はほとんどいない。だから、よいスピーカーがとても少ないのである。皮肉なことだが、練習すればするほど、話は自然に聞こえるようになる。

✔**トップ10リストを使う**　聴衆が話についてきやすいように、私はトップ10リストというのを使う。これに賛同する専門家はほとんどいないけれども、ぜひ試してほしい。あるテーマについて興味深いことがらを一〇個思いつけないときは、話さなくてよい。

次に、パネルディスカッション。パネルディスカッションはブランド構築の絶好のチャンスである。なぜなら、他者（競争相手であることが多い）との比較で自分を位置づけられるから。すぐれたパネリストになる方法は以下のとおりだ。

✔**パネリスト紹介をコントロールする**　司会者にあなたの略歴を渡し、それにそって紹介してもらおう。司会者まかせではいけない。また、スピーチと同じく、自分の組織の売り込みも禁物だ。好印象を与えるには、口やかましい自慢屋ではなく、情報提供できるパネリストであること。

✔**情報を提供するだけでなく、楽しませる**　司会者や聴衆の質問に答えるのは、パネリストの仕事の半分でしかない。もっと大切なのは、聴衆を楽しませることだ。鋭い洞察、ユーモア、論争などが役に立つ。〈みんなを楽しませているか?〉とつねに自問しよう。

✔**真実を言う（とくに真実が明らかなときは）**　難しい質問を受けたらパネリストはうそをつく——たいていの人はそう思っている。だからうそをつかなければ、ほかの回答についても信頼が増す。

✔**シンプルすぎるくらいシンプルに話す**　司会者はよく専門的な質問をするので、つい専門的な答えを返したくなる。これは基本的にまちがいだ。わかりやすくシンプルに答えよう。中身をちゃんと理解しているということを見せられれば十分。聴衆の八割に「ちんぷんかんぷん」と思わせる話は避けたい。

✔**退屈そうにしない**　楽しそう、悲しそう、機嫌が悪そう（パネルディスカッションで話さなければならないということに対してではなく、だれかの発言内容に対して）、疑り深そう——そんな表情ならかまわないが、退屈そうな顔だけは見せてはならない。聴衆のだれかに見られているかもしれない。カメラやビデオカメラがあなたにフォーカスしているかもしれない。あいにく、ほかのパネリストがしゃべっているときにいちばん退屈そうな顔が出やすいので、「関心を装う」練習をしておこう。

✔**司会者を見ない**　話す相手は司会者ではなく

聴衆である。聴衆が見たいのはあなたの横顔ではなく正面の顔である。よい司会者は意図的にパネリストと目を合わさないようにするものだ。

✔**ふつうの会話をする**　そこが壇上ではないかのように振る舞おう。司会者や他のパネリストとただ会話をすればいい。もったいぶらないこと。「スピーチ」をしないこと。全員（聴衆も含めて）とカジュアルに接しよう。

✔**訊かれたことに答える、しかし訊かれたことだけに答えない**　たとえば「ファイルの侵入検出は重要な技術ですか？」と訊かれたら、ノーと答えるだけでは足らない。「いいえ。ちなみに、いまいちばん注目されているのは〜」と返そう。大部分のパネリストは両極端に走る。質問にだけ答えるか、質問とは関係のない答えをするかである。

✔**「ほかのパネリストの方々に賛成です」と言わない**　別のこと、新しいことを言いたい。他のパネリストがあなたの言いたいことを全部言ってしまったら（なかなかありえない話だが）、慈悲の心を見せよう。「私が言うべきことはありません。お客様に敬意を表して次へ移りましょう」。察しが悪いよりは察しがいいに越したことはない。

付録9

Tシャツデザイン術

チャンスの到来《turn up》を待つ人はまずシャツの袖をまくり上げ《turn up》る。

——ガース・ヘンリックス

製品や会社の宣伝用にTシャツをつくるのはシリコンバレーのちょっとした伝統で、八〇年代半ばにアップルがこれを完成させた。私たちはTシャツをプリントして配り、それから製品を発表し、それから開発を始めた。

一九九七年に私はガレージ・テクノロジー・ベンチャーズを立ち上げたが、そのときの最初の製品は「ちびっ子起業家です。好きなアルファベットはI、P、O」と書かれた子ども向けTシャツだった。私たちはこれを何百着と売った。Eコマースのパイオニアとして。

ブランドを築き、魅力あるオモチャをつくろうとして、多くの組織がTシャツを制作する。残念ながら、その多くは見るに耐えない。「デザインのセンスがゼロです！」と言いふらしているようなものだ。正直いって、Tシャツはブランド構築の重要な要素ではない。でも、やるからにはちゃんとやろう。

✔白いシャツは使わない　白はすぐグレーに変色する。洗濯物を分けないからだ。白を使うと、Tシャツはじきに着てもらえなくなる。くすんだ服を着たい人はそういないので。

✔文字は最小限にする　Tシャツを動く看板と考えてみよう。何段落にも及ぶ文章を看板に載せる人はいない。Tシャツも同じこと。使う単語は六～一〇個以内だ。ガレージでは「起業、成功、売却（Startup, kick butt, cash out)」と書いたシャツをつくった。

✔大きな文字（六〇ポイント）を使う　企業Tシャツの目的は宣伝だ。一二ポイントの文字を使ったら、だれも読めやしない。二〇フィート（約六メートル）先から読めなければデザインミスである。

✔デザインに少しばかりお金をかける　Tシャツはひとつの芸術形式である。文字をただ載せるだけでいいなら、お引き取り願おう。とくに女性に着てほしい場合はデザインが大事だ。大胆で美しいTシャツに仕上げようではないか。しょせんTシャツ、されどTシャツだ。

✔子ども用のサイズでつくる　大人にはTシャツを着ない人がいる。Tシャツなんてわがドレスコードを満たさないとおっしゃるのだろう（ところが、彼らを見た目で見分けることは絶対にできない）。しかし、そういう人でも子どもの着るものには無頓着だ。それに、子どもはとにかくTシャツが好きである。

FAQ

Q1 広告を出すべきでしょうか、それともエバンジェリズムやうわさ、口コミだけに頼るべきでしょうか?

A1 エマニュエル・ローゼンはその著書 *The Anatomy of Buzz*(『クチコミはこうしてつくられる』日本経済新聞社)のなかで、広告とゲリラマーケティングとの関係をうまく説明しています。広告はブランディングを構成する重要な部分である、と彼ははっきり確信しています。その理由は、口コミを活性化する、オピニオンリーダーの懐に届く、顧客を安心させる、事実を提供する、などなど。さらにローゼンは、広告は口コミを後押しすることもあれば、これをだめにすることもあると述べています。この本は一読に値します。

広告とゲリラマーケティングのどちらかひとつを選ばざるをえないとしたら、後者を選びましょう。しかし資源に余裕があるなら、両方をやるべきです。

Q2 PR会社が必要ですか? PR部門はどうですか?

A2 PR会社にせよ組織内のPR部門にせよ答えは同じです。彼らは次のことができます。「あなたに確固たるブランドメッセージをつくらせる。前々からの関係を通してあなたをマスコミに引き合わせる。会議や会見のスケジュールを設定し、あなたがそれなりの体裁を整えられるようにする。会見後のフィードバックをする。あなたが会議やプレゼンテーションのスキルを改善できるよう手助けする」。彼らができないのは次のことです。「二流の製品・サービスについて無数の記事を書かせる。あなたの会社をいつもよく見せる。あなたの会社が悪く見えないようにする」。彼らがけっしてすべきでないのは次のことです。「外部コミュニケーションやブランディングを『承認』する思想警察になる」

Q3 エバンジェリストの助力に対して報酬を払うべきですか?

A3 いいえ。彼らはお金のためにあなたの製品・サービスの伝道師を務めているのではありません。世界をよりよい場所にするためにそうしているのです。お金を払おうとすれば、むしろ彼らを侮辱することになりかねません。エバンジェリストに報いる最もよい方法は三つ。製品・サービスを改善すること、情報をたっぷり与えること、人前でほめたたえることです。

Q4 地元でブランドを築くのが大事でしょうか、それともいきなり世界に打って出るべきでしょうか?

A4 一般的には、地元で製品・サービスを(したがってブランドを)確立してから危険を冒すべきです。それも、たくさんのエリアで八割がた根づかせるより、小さなエリアで一〇〇パーセント根づかせるほうがずっと得策です。

ただし、お客さんが世界じゅうに散らばっており、その共通性は地理的なものではなくもっと別の変数に基づいている——そんな製品・サービスもあるでしょう。これはこれでOKです。大切なのは、深く浸透したうえで広く行き渡らせること。「深く」というパラメーターの見た目がどうであるにしても。

Q5 ブランドコンセプトがまずいと気づいたら、あるいはブランドキャンペーンの最中に方向転換したくなったら、どうしたらよいでしょう?

A5 いくつかの考え(ひょっとしたら相矛盾するかもしれません)をお示しします。第一に、私は「ブランドキャンペーン」を信じません。ブランディングが短期のプロジェクトであると思わせるからです。そうではありません。ブランディングは継続的、永続的です。

第二に、なぜそれがまずいと判断されたのでしょう? ロゴ、ルック&フィール、うたい《タグラ》文句《イン》、標語《マントラ》……に飽きたから変身したいのですか? というのは通例、あなたがそれらに飽きてきたころに、人々はちょうどそれらを理解しつつあるからです。

第三に、収益を達成できていないとすれば、製品・サービスが劣っているなど、問題はたぶんもっと基本的なところにあるはずです。

第四に、もし製品・サービスが基本的に問題ないもので、ブランドのポジショニングが本当におかしいのなら、すぐに直してください。製品・サービスの購入者にそれが何を象徴するのかと訊いてみましょう。これこそが効果的なブランディング活動のすぐれたスタート地点であることが多いのです。

推薦書籍

●Aaker, David. *Managing Brand Equity*（デービッド・A・アーカー『ブランド・エクイティ戦略』ダイヤモンド社）
●Bedbury, Scott. *A New Brand World*
●Borden, Richard. *Public Speaking—as Listeners Like It!*
●Gladwell, Malcolm. *The Tipping Point*（マルコム・グラッドウェル『急に売れ始めるにはワケがある』ソフトバンククリエイティブSB文庫）
●Nielsen, Jacob, et al. *E-Commerce User Experience*
●Norman, Donald. *The Design of Everyday Things*（ドナルド・A・ノーマン『誰のためのデザイン？』新曜社）
●Ries, Al, and Laura Ries. *The 22 Immutable Laws of Branding*（アル・ライズ、ローラ・ライズ『ブランディング22の法則』東急エージェンシー出版部）
●Rosen, Emanuel. *The Anatomy of Buzz*（エマニュエル・ローゼン『クチコミはこうしてつくられる』日本経済新聞社）

第10章 事業拡大の奥義

安易な金儲けに走るのをやめて、身を賭して何かを生み出せ。他人様のものを売り買いして暮らすのではなく、みずから創造するんだ。

カール・フォックス（映画『ウォール街』）

起業の要諦10

ネイティブアメリカンの雨乞い師は、儀式やまじないを使って雨を降らせる祈祷師《きとうし》である。新興組織にとっての雨乞い師は、大規模な事業をもたらす人のことだ。祈祷師と同じで、起業家は雨を降らせるための独自の儀式やまじないを編み出している。

新興組織にとって事業拡大が難しい理由はふたつある。まず、ある目的で製品やサービスをデザインしても、実際にだれが何のために購入するかはふたを開けてみないとわからない。

そこで事業拡大への第一ステップは、製品・サービスの「バージョン1.0」を市場に送り込み、それがどこで開花するかを見きわめることである。当初の目的やターゲットにとらわれすぎないよう、目を凝らす必要がある。

第二に、新興組織の製品・サービスは簡単には買ってもらえない。資金のない小さな組織が出した製品・サービスをあえて試そうとする顧客はほとんどいないので、どうにかそれを売り込まなければならない。したがって事業拡大への第二ステップは、こうした抵抗を克服することである。

本編へ入る前に、ちょっとした話を紹介しておこう。ある起業家が自分の製品を買ってくれる顧客を知り、あわせて製品の仕入れに対する抵抗を克服したという話だ。パリのある店が、香水で名高いエスティローダーの最新製品を置くのを断った。怒ったローダーがそれを床じゅうにぶちまけたところ、あまりにたくさんの客がその香りについて質問するので、店はこれを扱わないわけにいかなかった。降れば土砂降り（When it rains, it pours.）というが、ときにはその逆（When it pours, it rains.）（訳注：ぶちまけたら成約、くらいの意味）もあるらしい。

百花斉放・百家争鳴を歓迎する

これは毛沢東の受け売りである（もっとも文化大革命のときに、彼はこれを文字どおり実践したわけではないが）。新興組織の文脈では、これは次のような意味になる。〈種をたくさん蒔きなさい。何が根を張り、花を咲かせるでしょう。そうやって根を張り、花を咲かせた市場を育てましょう〉

予期せぬ花が咲きはじめるとあわてふためく企業が多い。すると彼らは、当初の想定どおりの顧客が想定どおりに使ってくれるよう、製品・サービスのポジショニングをやり直そうとする。まったくばかげた話だ。戦術的レベルでいえば、お金はお金、もらっておきなさい！　花が咲いたときにあなたがすべき仕事は、それがどこでなぜ咲いているのかを見きわめ、その情報に応じて事業を調節することだ。

そうした「開花」の驚くべき事例を三つ挙げよう。起業学の長老ともいえるピーター・F・ドラッカーが紹介しているものだ。

✪「ノボケイン」は全身麻酔に代わる製品として考案された。ところが医師たちはその使用を拒み、従来の手法に頼りつづけた。対照的に、歯科医たちはこれをすぐに採用した。そこで考案者はこの予期せぬ市場に焦点をしぼった。

✪ユニヴァックはもともとコンピュータ業界のリーダー的存在だった。しかし同社は、コンピュータとは科学者が使う道具だと考え、ビジネス市場に製品を販売することに尻込みした。対照的に、IBMは科学者にこだわらなかったので、その製品をビジネスコンピュータとして花開かせることができた。おかげでＩＢＭはおなじみのブランドとなり、ユニヴァックは歴史書でしかお目にかかれない。

✪インドのある企業が、ヨーロッパの補助エンジン付き自転車の製造ライセンスを取得した。自転車は売れなかったが、エンジンだけの注文が多いことにその企業は気づいた。このおかしな現象を調べたところ、どうも灌漑《かんがい》用の手動ポンプのかわりにエンジンが使われているらしい。同社はさっそく路線変更し、何百万もの灌漑用ポンプを売り上げた。

開花について考えるには下のマトリックスが役に立つ。ほとんどの企業は右上にいたい。でも現実は左下だったりする。変なこだわりは捨

	想定される用途	想定外の用途
想定される顧客	予定どおり	愉快（例：女性がエイボンの「スキンソーソフト」を防虫剤に使う）
想定外の顧客	愉快（例：クルマのオーナーやディーラーがeBayで中古車を売る）	仰天（例：コンピュータの初心者がマッキントッシュでニュースレターや雑誌、書式類をつくる）

て、予期せぬ顧客や用途を受け入れよう。

ゴリラを見つける

イリノイ大学のダニエル・J・シモンズとハーバード大学のクリストファー・F・チャブリスは、事業拡大について示唆するところのある興味深い実験を行った。ふたりは学生たちにあるビデオを見てもらった。そこでは、ふたつのバスケットボールチームの選手たちがボールをパスしあっている。学生たちの任務は、ひとつのチームが仲間に何回パスしたかを数えることだ。

さて、ビデオが始まって三五秒たったころ、ゴリラの着ぐるみをまとったひとりの人物が画面に登場する。これ見よがしに胸をたたき、それから九秒間はビデオに映りつづける。そのことを尋ねられると、学生の半分がゴリラに気づかなかったという！　どうやらパスを数えるのに夢中で、無関係なできごとは目に入らなかったようだ。

組織のなかでも同じ現象が起こる。想定される顧客、想定される用途にばかり目が行き、思わぬかたちで咲く花に気づかないのである。さきほど例に出したユニヴァックは、科学市場を重視してビジネス市場に気づかなかった。ＩＢＭとはちがって。事業拡大のためには、一〇〇の花を咲かせて、予期せぬ花（「ゴリラ市場」とでもいおうか）を摘まなければならない。

リードジェネレーションの正しい手法を選ぶ

多くの起業家、とくに技術的バックグラウンドを持つ起業家は、見込み客獲得（リードジェネレーション）のために、広告、テレマーケティングといった従来の手法に頼りがちだ。大企業での「実績」があるマネジャーがチームに加わると、この傾向はいっそう強くなる。

こうした伝統的手法は、人々が新興組織の製品・サービスを購入すれば機能するかもしれない。でも思い出してほしい。新興組織の製品・サービスはあくまでも販売されるのであって、購入されるのではない。販売を軌道に乗せるため、起業家は信用を築き、面と向かった直接のコンタクトをとる必要がある。そのスタートが効果的な見込み客獲得である。

ニュー・クライアント・マーケティング・インスティテュートのヘンリー・デブリーズは見込み客獲得の各種手法を調査した。その結果、最も有効な方法は小規模な製品紹介セミナーを開催することだった。広告でもテレマーケティングでもなければ、ぴかぴかのパンフレットをつくることでもトレードショーに出展することでもない。彼によるとトップ5は以下のとおりだ。

①小規模なセミナー
②スピーチ

③出版
④積極的な人脈づくり
⑤業界団体への参加

デブリーズの結論をすべてのビジネスに敷衍《ふえん》するのは考えものだが、彼の言い分はまさに従来の考え方と相反している。事業拡大を望むなら、そこに思いをいたしてしかるべきだろう。

カギを握る人物を探す

「データベース管理者Ⅲ」と聞いても、意思決定者の肩書とはとうてい思えない。それがイメージさせるのは、技術マニュアルが散らかった狭い部屋にこもって、昼食にサブウェイのサンドイッチをほおばる輩といったところか。

リサ・ニレルはBMCソフトウェアの雨乞い師だった。とあるデータベース管理者Ⅲ（DBAⅢ）が、彼女の会社から四〇万ドル以上に相当するソフトウェアを購入したのだ。電話がひっきりなしに鳴る狭い部屋に閉じこもりがちのこのDBAⅢこそ、彼の会社の大きな買い物に影響を与える人物だった。上級副社長がプロジェクトやベンダーについて質問があるときは、このミスターDBAⅢを訪れたほどだ。

大企業では位が高くなればなるほど、酸素が薄くなる。そして酸素が薄くなればなるほど、知的生命体としての生き方を維持するのが難しくなる。したがって、知性は大企業の中腹とふもとに集中している。雨乞い師にとってカギとなる知見は次のとおりだ。

〈肩書にとらわれず、真にカギを握る人物を探す〉

論理的には、「じゃあどうやってカギとなる人物を見分けて、その人にアプローチすればいいのか?」という話になる。答えは「秘書、アシスタント、受付嬢に訊け」である。そこで次のポイントに話は進む。

側近を取り込む

アップルとガレージ・テクノロジーで、私はふたりのとびきりのアシスタントに相談しながら、企業や人材に関する決定を幾度となくくだしてきた。そのアシスタントはキャロル・バラードとホリー・ローリー。私は彼女らにこう尋ねる。「あの男についてどう思う?」「このアイデアはどう?」。彼女らがもし「あの人はだめ」「あの人は自己中心的」とか「それはばかげたアイデアね」とか答えたら、その男あるいはそのアイデアはそこまでだ。

アシスタントがそこまでの力や影響力を持つことに驚かれるかもしれない。〈ガイはもちろん例外だ。たいていはエグゼクティブが一つひとつの電話、会議、Eメールに注意を払ったうえで、アシスタントに命令を出すのだから〉。目を覚ましなさい。私の言っていることが世の現実なのだから。

雨を降らせる、すなわち事業を大きくするためには、影響を持つ者、意思決定者にアクセスしなければならない。対面、電話、あるいはEメールでもいい。不幸にも、この種の人たちはありとあらゆる販売員から「すぐれた」製品やサービスの売り込み攻撃を受ける（がらくたを売るために電話してくる者はいない）。

したがって多くの意思決定者は、雨乞い師の攻撃からわが身を守ってくれる人を雇う。その人たちを「傘」と呼ぼう。雨を降らせるためには、傘をどうにかこちら側に取り込まなければならない。傘の別名は秘書でありアシスタントである。データベース管理者Ⅲを名乗ることもある。意思決定者に取り入ることばかりがもてはやされるが、まずはこれら居並ぶ傘の関門を通過しなければ、取り入ることもままならない。いかにして傘役の側近を取り込めばよいかを以下に紹介しよう。

▼理解する　彼らの仕事はあなたを近づけないことだとお考えかもしれない。それは思い上がりというもの。あなたはそれほど重要人物ではない。彼らの仕事はエグゼクティブが自分の仕事をできるようにすることだ。その一面として、エグゼクティブの時間（あなたをはじめ多くの人たちがムダにしがちなもの）を見張るのである。

▼買収しようとしない　だれもが買収されることを好まない。もっと正確に言えば、買収

されるような人間だと思われることを好まない。だから、贈り物でなんとかしようなどと思わないこと。彼らと近づきになるには、この人はブレないと信用されること、そして例外なく敬意と礼節をもって接することが必要である。

いったん接触したら(それがうまくいこうがいくまいが)、Eメール、手書きのメモ、贈り物などでフォローしてもかまわない。彼らが関心を持ちそうな記事をコピーして渡すと効果てきめんの場合もある。いずれにせよ、わいろではなく感謝の念をいつも忘れないことだ。

▼共感する

たぶん傘になる人はあまり給料をもらっていない。エグゼクティブに比べたらスズメの涙であるのはまちがいない。そのうえ、彼らはひょっとしたらエグゼクティブよりも上手に会社経営ができる。わずかな給料しかもらっていないのだから、彼らが悪口を言われて「当たり前」だなんて思わないように。

▼文句を言わない

傘役が一〇〇パーセントまちがっていたとしても、頭越しに文句を言ってはならない。その文句がブーメランのように戻ってきて傘役の耳に入り、あなたはせっかくの接点を失う可能性がある。永遠に。

無神論者ではなく不可知論者を探す

伝統的な理論や手法を擁護する人たちは、必ずといってよいほど、新しいライバル理論が解決していない問題を指摘することができる。しかしながら、それは彼らにすれば問題でもなんでもない。

トーマス・クーン

事業拡大の「聖杯」のひとつ、それは「推薦人」たる顧客を探すことだ。これはあり余るほどのお金と信用をもたらす一流の大口顧客でもある。

一九八〇年代の半ば、新しいPCにとって推薦人代わりのソフトウェア会社は、アシュトンテイト（dBASE）とロータス・デベロップメント（ロータス123）だった。そう、彼らの製品をマッキントッシュ上で走らせること、それがマッキントッシュを生存可能にするというわけだ（しかし、最終的にはそうならなかったし、それでどうということもなかったのだが）。

推薦人は他人を推薦する以上、すでに成功を収めた著名な存在である。ふつう、現状が続くことが彼らの利益になる。ここに問題がある。あなたが革新的な製品・サービスを考案しても、彼らはとうていそれを受け入れそうにない。新興宗教に関しては、彼らは無神論者なのだ。なぜなら旧体制の指導者だから。

あいにく、多くの新興組織はこうした推薦人を探すことで頭がいっぱいだ。アップルがアシュトンテイトやロータスにこだわったように。彼らをお客にするためにはなんだってやる。その存在はローマ法王から祝福を受けるにも等しい価値を持つからだ。

無神論者には取り合うな――かつてしくじった者からのアドバイスだ。探すべきは不可知論者、つまりあなたの宗教を否定せず、少なくともあなたの製品・サービスの存在を考慮に入れてくれる人である。夢にまで見た推薦人がうんと言わないのなら、さっさとふんぎりをつけたほうがよい。

不可知論者すなわち「非消費者」は、既存の製品はコストが高いとか特別のスキルがいるとかいう理由でそれを利用していない。たとえば八〇年代のパソコン黎明《れいめい》期、人々には個人向けのメインフレームやミニコンピュータを買う余裕がなかった。たとえあったとしても、当時の製品は非常に使いづらかったので、消費者は必要なレベルのスキルをそなえていなかっただろう。

したがって、不可知論者を喜ばせるのは無神論者を喜ばせるよりもラクである。かつてできなかったことをできるようにしてあげればいいからだ。すでに定着した製品・サービスを押しのけなければならないのとは大ちがいである。アップルは（広告キャンペーンを打ったにもかかわらず）ウィンドウズからの乗り換えを促すことがほとんどできなかった。しかし、PCを使ったことがなかった人には、マッキントッシュは人生を変える品物だった。

不可知論者が満ちあふれた市場への参入ほど、起業家をわくわくさせることはないはずである。

見込み客に語らせる

見るための目をふたつ、聞くための耳をふたつ与えたもうた自然も、話すための舌はひとつしかくださらなかった。

ジョナサン・スウィフト

あなたの製品・サービスを買ってもいいという人は、最終決断をするのに何が必要かを教えてくれることが多い。それに耳を傾けない手はない。

やり方は簡単だ。ⓐ質問してもよいかと尋ねてリラックスさせる、ⓑ質問する、ⓒ答えを聞く、ⓓメモをとる、ⓔあなたの製品・サービスがいかに彼らのニーズを満たすかを説明する（ただし満たす場合のみ）。それでも少なからぬ人たちが失敗する。なぜなら――

✪よい質問をする準備ができていない。見込み客を理解するには事前の調査が必要である。

失敗する人たちはさらに、質問をすれば答えを知らないように思われると恐れている。

✪販売のスパルタ教育を受けているので、黙っていられない。〈見込み客が降参して買うことに同意するまでしゃべりつづけるぞ〉。あるいは黙っていられても、ちゃんと耳を傾けない（聞こえるのは無意識だが、耳を傾けるのはそうではない）。

✪不精なので、またはその情報が重要ではないと考えているので、メモをとらない。第7章「資金調達の奥義」で述べたように、メモをとるのは大切だ。まず、記憶の助けになる。次に、書きとめるほど関心が高いという印象を相手に与えることになる。

✪自分の製品・サービスをよくわかっていないので、見込み客のニーズにそれをうまく合わせることができない。これはもってのほかである。

たとえば、お金を節約できる、心の安らぎが得られる、人々を啓蒙するなど、あなたの製品にいくつかのメリット（特徴ではない！）があるとする。まずは三つのメリットをすべて話し、見込み客の反応を待とう。通常はどのメリットが魅力的かを語ってくれるものだ。

共感を呼ぶ点が何もなければ、何が所望かを尋ねよう。そこからは見込み客の発言に焦点を合わせればよい。「こうすれば私に買わせることができる」という貴重な話をしてくれるのだから。ポイントは見込み客に語らせ、耳を傾けること、そして柔軟性を持つこと。念を押すが、あなたは販売している、彼らは必ずしも買ってはくれない――そういう立場である。顧客がどうすれば自分に買わせることができるかを語ってくれるのであれば、絶対に耳を傾けたい。

実際に試してもらう

新興組織が直面する最大の壁は人々の現状への依存である。人は昔ながらの製品・サービスで十分だと考えやすい。「テキストベースインターフェースのコンピュータでやりたいことはなんでもできる。なんでグラフィカルユーザーインターフェースが必要なんだ？」という具合に。

ただし、広く使われている製品がどれもこれも十分だという意味ではない。顧客がただ既存品をそれなりに受け入れているにすぎない。したがって起業家の仕事は多くの場合、なぜ新しい製品が必要なのかを人々に示すことである。そのための伝統的な方法は、これでもかと広告を出しプロモーションをかけることだ。

しかしもう、市場には同じような宣伝文句が数えきれないほどあふれている。もっとよい、もっと速い、もっと安い！　それに立ち上げたばかりの組織では、広告やプロモーションの「臨界点」に達するだけの資金がないだろう。

そこで、新興組織が顧客を引きつけるためには、製品・サービスを試せるようにするのがいちばんである。基本メッセージはこうだ。

✪「あなたならきっとおわかりになります」（このメッセージがすでに差別化要因だ）

✪「無理に買っていただこうとはしません」
✪「製品・サービスをお試しください」
✪「そのうえでご判断ください」

試してもらうといっても事業によってやり方はいろいろだ。幅広く適用できそうな事例を挙げてみよう。

✪H・J・ハインツ（二〇〇二年の売上高九四億ドル）は一八九三年のシカゴ・ワールドフェアでピクルスの見本を無料配布した。同社のブースは人通りの少ない場所にあってにっちもさっちもいかなかったため、創業者ハインツは子どもたちを雇って、ブースに来てくれたら無料のおみやげを差し上げますと書いたチケットを配らせた。
✪ゼネラルモーターズは、本当の試乗ができるようにクルマで家に帰ってもらうという二四時間試乗プログラムを実施した。これはもちろん、その辺を回るだけのよくある試乗とは一線を画している。
✪セールスフォース・ドットコムは同社のソフトウェアを三〇日間無料で使えるようにした。このプログラムのすぐれた点は、いったん使用すると、すでにデータ入力をしているので他社製品にスイッチしにくいということだ。

お金のかかる従来のマーケティング手法に頼るのをやめて、製品・サービスを試してもらおう。それが現状打破の最善の道である。

安全で容易な第一歩を提供する

マッキントッシュを売り出すときにアップルが犯した誤りのひとつは、いまのコンピュータをやめてマッキントッシュに変えましょうとITマネジャーに訴えたことだ。いわば盲信を強いたわけだ。ふり返れば、この要請に応じる会社がほとんどなかったのも不思議ではない。

たとえがややこしいけれども、雨を降らしたいなら、海を沸かしてもだめだ。そうではなく、なだらかで穏やかな「採用曲線」を顧客がたどれるようにしよう。つまり、ごく狭い範囲、リスクの低い限られた方法で、あなたの製品・サービスを使ってもらうのである。

- ✪ひとつの地域（支社など）
- ✪ひとつの部門
- ✪ひとつのプロジェクト
- ✪短いお試し期間

✪ごく簡単なサポート

あなたがすぐれた製品・サービスを開発したとしよう。このとき、顧客の扉を開けてなかに入る、ただそれだけのことが最も難しい。運がよければ製品・サービスに満足してもらい、それが触媒となってさらなる採用が促される。だが、これほどスムーズにことが運ぶことはそうない。扉を開けて製品を届けるのが難しければ、それを使ってもらうのも難しい、普及させるのも難しいからだ。とはいえ、始まりはいつも扉を開けることからである。

直観にそぐわないかもしれないが、顧客にとっては最後の一歩も安全かつ容易でなければならない。つまり、あなたとの関係を終わらせやすくするのである。たとえばDVDレンタルサービスのネットフリックスは、退会手続きが五分で簡単にできる。これは同社に対する最後の印象をよくする効果がある。

かつての顧客に「やめるのに電話で三時間かかったうえ、クレジットカード会社と三カ月もやりあった。ネットフリックスはもうこりごりだ」と言われるよりも、「あまりDVDを見ないのでネットフリックスは私向きではなかった」と言われるほうがはるかによい。

しかもネットフリックスの退会手続きがもたらす好印象ゆえ、いったんやめた顧客でも、数週間後に同社から好意的なEメールを受け取ったら、よりを戻したくなる可能性が高い。

拒絶から学ぶ

溶液の一部でないとすれば、沈殿物の一部である（訳注：「問題解決の一部でない人は問題の一部である」のもじり。原語のsolutionには「問題解決」のほかに「溶液」の意味がある）。

ヘンリー・J・ティルマン

事業拡大を担う雨乞い師は拒絶される。じつのところ、腕利きの雨乞い師ほどよく拒絶される傾向がある。売り込みをする回数が多いからだ。しかし、よい雨乞い師は拒絶からふたつのことを学ぶ。第一に、どうすれば雨乞い術を向上させられるか。第二に、どんな見込み客を避けるべきか。以下、よくある拒絶とそこから得るべき教訓をまとめてみた。

▼「あなたは私たちとはちがう。仲間になろうとするのはよしなさい」 ものごとのやり方を根本的に変えようとしたときに、この手の拒絶に遭遇しやすい。たとえばマッキントッシュを売り出したとき、アップルはこれをIT部門に販売して受け入れてもらおうとした（がしくじった）。このように言われたら、その人たちを避けて通ればいい。ちなみにアップルの場合、グラフィック部門へのマッキントッシュ販売は功を奏した。

▼「おたくはやるべきことをきちんとやってない」 真実はふたつにひとつだ。本当にやるべ

きことをやらなかったのか、それともだれかの機嫌を損ねたのか。みずからの売り込みや対人能力をあえてふり返り、前者かどうかを確認しよう。もしだれかを怒らせたのなら、償いのしかたを考えなければならない。

▼「きみの言うことは理解できない」 これは実際にあなたの言うことが理解できないときに、よく聞かれるせりふである。基本に戻るべし。専門用語を避け、売り込みを最初からやり直し、練習しよう。立証責任はあなたにある。「なぜわれわれの製品が必要なのかをわかってくれる頭のいい」顧客を探していたら、餓死するのはまちがいない。

▼「変われとおっしゃるが、そんなこと言われる筋合いはない」 これは暮らしぶりに不満がなく、変わる必要を感じていない成功者集団に多い反応である。市場としてはまちがっていないが、相手にする顧客がまちがっている次第。痛みを感じている顧客を探そう。

▼「それで何を解決しようっていうの？」 つまり、いまだに自分の価値命題のなかから外を見ているという指摘だ。適切な対応は、提供価値を再整理しつづけて、（顧客のように）その外からなかを客観的に見られるようにすることである。外側に出られないとしたら、現実を直視しよう。本当に使うあてがない解決策なのかもしれない。

▼「別の製品（サービス）を採用することに決めた」 あなたの製品・サービスのほうが明らかにすぐれている、なのにこう言われたとしたら、たぶん売ろうとする相手がまちがっている。門番を避けてユーザーを探そう。最終顧客に到達するためにやるべきことをや

ろう。もしあなたの製品・サービスのほうが明らかにすぐれているとは言えないなら、最終顧客が門番にあなたを追い払えと命じたのだろう。

事業拡大プロセスを管理する

事業拡大はプロセスである。一度きりのできごとでもなければ、天災でもない。「営業系」の人にまかせることも、運にまかせることもできない。プロセスであるから、組織のほかのプロセスと同じように管理できる。そのためのヒントをご覧いただきたい。

▼全員に事業拡大を奨励しつづける　あなたの組織の技術者や発明家が新しい製品・サービスを壁越しにひょいと投げれば、販売員がそれを拾ってすぐ売ってくれる——そんなときがいつの日かくる。でも、いまはまだだ。

▼顧客ごとに目標を設定する　いつ契約を結ぶのか、週や月、四半期ごとの売り上げはどうか。

▼先行指標をチェックする　遅行指標ならどこにでもある。前の月や四半期の売り上げがそうだ。同時に、新製品アイデアの数、勧誘電話や見込み客の数といった先行指標も重要である。自分がどこにいたかを知るのはやさしい。自分がどこへ行くかを知るのはもっと困難かつ有益である。

▼真の成果に報いる　目標をクリアしやすいよう意図的に低めの予想を出す——そんな所業を許してはならない。「意図」に報いるべきでないのは当然だ。意図するのはたやすく、事業を拡大するのは難しい。

事業拡大プロセスを管理できていないと、「うちの予想は慎重だ」で始まって、半年後には「予測より売れ行きが鈍い」となってしまう。これ以上の悲劇はない。

FAQ

Q1 大企業で新しいものに反応しやすい人、リスクをとる人はどこにいますか?

A1 一概には言えません。こうしたタイプの人がどこにいないかをお教えするほうが簡単です。そう、組織のトップ層です。だから百花斉放を認めて、だれが新しもの好きかについて先入観を持たないようにしましょう。

Q2 事業拡大をまかせられそうな雨乞い師を見つけました。でも、多額のストックオプションのほかに一五万ドルの年俸、七万五〇〇〇ドルの必要経費を要求されています。展示会や広告の予算は別です。評判はよい人で、前の仕事では年間一六〇〇万ドルの売り上げに貢献したそうです。今回の仕事は収入面では大きなダウンだと言います。メーカーの典型的な人間よりも、この人をはたして雇うべきでしょうか?

A2 雨乞い師は高くつきますが、成果を出せばそれだけの価値はあります。彼(彼女)が世界をものにしたいのであれば(この場合はそう聞こえます)、成果連動報酬を前提にやらせてみてはどうでしょう。私なら最初からすべての要望に応えることはしませんが。

推薦書籍

- Cialdini, Robert. *Influence*
- Coleman, Robert E. *The Master Plan of Evangelism*
- Moore, Geoffrey. *Crossing the Chasm*（ジェフリー・ムーア『キャズム』翔泳社）

責務
Obligation

第11章

気高き事業遂行の奥義

人間を測る本当の物差しは、その人が自分の役に立たない人にどう接するかである。

サミュエル・ジョンソン

起業の要諦11

本章では「高潔の士（mensch）」となるための方法を説明する。menschとはイディッシュ語で、倫理・礼節を重んじる徳の高い人物のことをいう。発言に影響力のある人たちからこう呼ばれれば、それは最大の賛辞である。

この話題を取り上げるのにはふたつの理由がある。

✪いかなる個人も組織も、社会という大きな枠組みのなかで存在している。社会を顧みず、自分だけの利益を重んじる事業は大きくならない。

✪本当の意味ですぐれた持続可能な組織をつくりたければ、従業員に高いモラルや倫理基準を求める必要がある。高潔の士はその見本となる。

気高く倫理的な組織であるための基本は、「多くの人々を援助する」「正しい行いをする」「社会に還元する」の三つである。単純ながら実行は難しい。

①多くの人々を援助する

天国へ行くには神を受け入れるというシンプルな行為が必要なのだろうけれども、いくつかの学説によれば、天国へ行ったら行ったで、そこには「階層」があるらしい。この階層を（ほかにいいたとえがないので）エコノミー、ビジネス、ファーストクラスと呼ぶことにしよう（天国の実情はこうではないかもしれないが、来世のことを語っているのだから大目に見られたい）。

飛行機と同じで、ここでも最大の関心事は「いかにアップグレードするか」である。この地上にいるあいだによい行いをして、ポイントを稼がなければならない。ポイントを稼ぐのに最もよい方法は、他人を助けることだ。

いちばん助けやすいのは、あなたにとっていずれ必要となりそうな人である。残念ながら、このときのポイントは最低の値打ちしかない。動機が不純だから（もっとも、ここまでする人さえ少ないのだが）。

ポイントが高いのは、そして高潔の士と策士とを分けるのは、自分の助けにならない人を助けることだ。こうした人々を助ける理由は三つある（以下、魂の純粋さが順に上がっていく）。

✪ひょっとしたら、彼らはいつの日かあなたを助けられるようになるかもしれない。
✪私の説が正しかったときのために、しっかりポイントを稼いでおきたい。
✪同胞を助けることで内在的喜びが得られる。

第一の理由はあなたをエコノミークラスの非常口座席に導いてくれる。第二の理由はあなたをビジネスクラスに導いてくれる。第三の理由はあなたをシンガポール航空のファーストクラスに導いてくれる――シートがフルリクライニングのベッドに早変わりするうえ、ラップトップパソコン用の電源、ノイズキャンセリングヘッドフォン付き。飛行中にインターネットも楽しめる。

いずれにせよ、高潔の士は現世、来世の別なく人を手助けする。他人を救うことにまさる喜びはそうあるものではない。

②正しい行いをする

高潔の士であるためのふたつ目の基本は、正しい行いをすることだ。つまりは「王道」を行くのである（これはときに「難路」でもある）。三つ例を挙げよう。

▼合意の精神を遵守する　投資銀行はあなたの会社のために買い手を探し、納得できる価格の交渉を手伝い、取引をまとめてくれる。しかし、取引が成立するのは委託契約書の満了から一カ月後。あなたが受け取るのは五〇万ドル。いずれにせよ投資銀行には支払いをしよう。喜んで。

▼見合う額を支払う　あなたは宝石商。メーカーから指輪の納品があった。請求書には一四カラットとあるが、納品されたのは一八カラット。メーカーに電話して食い違いを報告しよう。

▼大切なことを重んじる　あなたは素人ホッケーリーグの一員。シーズン半ば、あなたのチームの成績は八勝〇敗。二位は四勝四敗。最下位は〇勝八敗。あなたのチームの優秀な選手が何人か、最下位チームの選手と交代しようと申し出る（そしてシーズン最後には最下位チームが優勝する。運命とはそういうもの）。大切なのはみんなが楽しめること。優勝することではない。

高潔の士は正しいことをする。簡単なこと、都合のいいこと、節約になること、お咎《とが》めを受けないことをするのではない。善は善、悪は悪である。世の中には絶対不変の概念が絶対にあり、高潔の士はこの真理を尊重、体現するのである。

③社会に還元する

高潔の士であるための三番目の基本、それは社会に還元することだ。高潔の士とはキャピタルゲインにこだわらない投資家と定義してもよい。彼らが求める利得《ゲイン》は社会への還元であり、お金をさらに貯め込むことではない。

これは高潔の士が裕福でなければならないという意味ではない。それどころか、お金は人を高潔から遠ざけるのがつねだ（神がお金についてどう考えておられるかを理解したければ、神がだれにお金を与えておられるかを見ればいい）。

高潔の士は、以下を与えられたお礼に社会へ還元しようとする。

✪家族や友人
✪精神的充足
✪健康

✪美しい環境
✪経済的成功
✪たまさかのハットトリック

社会還元に使う「通貨」はたくさんある。お金を出すほかに、時間や専門知識、精神的支援を提供することもできる。高潔の士はこれらの通貨を喜んで他人に差し出す。重要なのは受けた恩を返すことだ。見返りを期待して恩を着せるのではなく。

【練習問題】人生が終わろうとしている。自分についてみんなに覚えておいてもらいたいことを三つ書け。

❶

❷

❸

FAQ

Q1 成功したからといってうぬぼれないためには、どうすればよいですか？

A1 この点で私に大きな影響を与えているのは死と病です。どちらもお金や名声、権力の有無などおかまいなしです。また、病気になったり死んだりすれば、お金も名声も権力も問題にはなりません。ですから、自分は無敵だと感じたら、そんな自分など一瞬にして消えてしまうかもしれないのだと思い出してください。「病院でいちばんの金持ち」とか「墓地でいちばんの金持ち」とかいうポジショニングは最悪です。

Q2 営業の電話をかけて取引をまとめるたびにお客さんを「だました」気になるのですが、どうすればそんな気持ちにならずにすむでしょう？

A2 お客さんが必要とするものを売っていれば、そんなふうに感じないはずです。もし感じるのだとすれば、売るのをやめること。あるいは、それを必要とする人に売りましょう。

Q3 人を思いやったり人に情けをかけたりするのは、事業の目標、つまり金儲けの対極にありませんか？ 投資家がそれを見たら、甘っちょろいやつ、事業家失格と思わないでしょうか？

A3　投資家がそう感じるとしたら、それが物語るのはあなたのことではなく、その投資家自身のことです。善行と成功は一〇〇パーセント両立可能です。相いれないものではありません。ただし、あなたの思いやりと投資家の思いやりは同じではありません。慈善活動をするなら、他人の資源ではなく自分の資源で行いましょう。

Q4　本来なら協力的で好意的なこの私がだれかを罵《のの》しらなければならないとしたら、どうでしょう？

A4　そのためにアイスホッケー場というものがあるのです。もっとも私自身何度か、氷を離れたところでも暴言を吐いたことが知られていますが（おかげで状況は悪くなりました）。歳をとるにつれて、私は黙って（またはＥメールを送らないで）立ち去ることを覚えました。

Q5　専門家としてのアドバイスを始終求められるので、自分の仕事ができません。どうすればよいでしょう？

A5　本を書いてみんなに買ってもらいましょう。

推薦書籍

●Halberstam, Joshua. *Everyday Ethics*

あとがき

本はそれなりに十分すばらしいものだが、生命に代わる完全無血の存在でもある。
ロバート・ルイス・スティーブンソン

私の本をお読みいただき、ありがとうございます。あなたは時間とお金の両方を投じてくださった。引き換えに、いかにして意義を見出し、世界を変えればよいかという知見を得てくださったなら幸いである。

いつの日かあなたとお目にかかれたら、さらに幸いである。本書を持っておられたら、あなたがメモをとったり、ページの端を折ったり、下線を引いたりされたようすをぜひ拝見したい。著者にとって、その著書が「使い込まれている」のを見るよりうれしいことはない。

折にふれて、www.guykawasaki.com をチェックしてみてほしい。お役に立つ事例やコメントなどをアップロードしているので。

さてさて、ずいぶんお手間をとらせてしまった。顕微鏡を投げ捨て、望遠鏡の焦点を合わせ、いざ出発しよう。

カリフォルニア州パロアルトにて。

ガイ・カワサキ
Kawasaki@garage.com

この度はお買上げ
誠に有り難うございます。
本書に関するご感想を
メールでお寄せください。
お待ちしております。

info@umitotsuki.co.jp

完全網羅《かんぜんもうら》 起業成功《きぎょうせいこう》マニュアル

2009年6月5日　初版第1刷発行
2011年2月2日　　　第4刷発行

著者　ガイ・カワサキ
訳者　三木俊哉《みきとしや》
装幀　重原 隆
印刷　萩原印刷株式会社
製本　難波製本株式会社
用紙　中庄株式会社
発行所　有限会社海と月社
〒166-0004　東京都渋谷区千駄ヶ谷2-39-3-321
電話03-6438-9541　FAX03-6438-9542
http://www.umitotsuki.co.jp

定価はカバーに表示してあります。
乱丁本・落丁本はお取り替えいたします。
 ISBN978-4-903212-12-8